El mapa de los 10 tipos de poder

El mapa de los 10 tipos de poder

Estrategias para navegar y desbloquear tu potencial

JULEN ROBLEDO

G2000

Gestión 2000 es un sello editorial de Centro de Libros PAPF, SLU.
Av. Diagonal, 662-664
08034 Barcelona
www.planetadelibros.com

Primera edición: junio de 2025
Depósito legal: B. 9.001-2025
ISBN: 978-84-9875-593-0
Composición: Realización Planeta
Impresión y encuadernación: Arcangel Maggio Europa
Printed in Spain - Impreso en España

PEFC Certificado
Este libro procede de bosques gestionados de forma sostenible
PEFC
PEFC/14-38-00305
www.pefc.es

Domina tu destino.
Este libro, tu mapa del poder.

Sumario

Escanea este QR para acceder a un vídeo donde el Dr. Julen Robledo, desde su experiencia, revela la esencia de *El mapa de los 10 tipos de poder*. Conquista las dinámicas del poder y transforma tu futuro. ¡Da el primer paso hacia tu autosuperación!

1

Fundamentos del poder: una introducción

Algo vivo quiere, antes que nada, dar libre curso a su fuerza: la vida misma es voluntad de poder.

FRIEDRICH NIETZSCHE[1]

¡Bienvenido a un viaje que tiene el potencial de cambiar el curso de tu vida!

¿Te has preguntado qué es realmente el poder? ¿Cómo se ejerce y cómo puedes utilizarlo para alcanzar tus metas y construir el futuro que anhelas? Este libro te guiará a través de un emocionante recorrido por el mundo del poder, desvelando los 10 tipos fundamentales que impactan en nuestras vidas: desde la fuerza física hasta la influencia cultural. Aprenderás a identificarlos, comprenderás cómo funcionan y, lo más importante, cómo utilizarlos a tu favor.

1. Nietzsche, Friedrich, *Más allá del bien y del mal*, traducción de Andrés Sánchez Pascual, Alianza Editorial, Madrid, 2005, p. 36.

Tu mapa estratégico hacia el éxito

Imagina tener en tus manos una brújula que no sólo te guíe en el laberinto de la vida moderna, sino que también te revele caminos más cortos y eficaces hacia tus objetivos personales y profesionales. Este libro es tu mapa estratégico, diseñado para orientarte en tus proyectos y ayudarte a descubrir rutas inteligentes que transformen tus aspiraciones en logros concretos. A medida que avances, aprenderás a entrelazar los diversos tipos de poder para multiplicar tu impacto, tomando decisiones informadas y audaces. Desde esta nueva perspectiva, podrás visualizar la geografía del poder con vista de águila: sus dinámicas, sus choques, colaboraciones y efectos, tanto destructivos como constructivos.

Sabiduría que trasciende el tiempo

Este viaje se enriquece con las ideas de pensadores brillantes como Sun Tzu, Marco Aurelio, Maquiavelo, Max Weber, French y Raven, Hannah Arendt, Michel Foucault, Gustavo Bueno y Robert Greene.[2] Pero aquí encontrarás un enfoque renovado y relevante que integra sus enseñanzas con las demandas del mundo contemporáneo. Nuestro objetivo es fusionar la sabiduría clásica con los avances tecnológicos y culturales que han redefinido el ejercicio del poder hoy en día.

2. Sun Tzu, *El arte de la guerra*, Sexto Piso, Madrid, 2017; Marco Aurelio, *Meditaciones*, Alianza Editorial, Madrid, 2020; Nicolás Maquiavelo, *El príncipe*, Gredos, Madrid, 2011; Max Weber, *Sociología del poder*, Alianza Editorial, Madrid, 2023; John R. P. French y Bertram Raven, «The Bases of Social Power», en *Studies in Social Power*, D. Cartwright (ed.), Ann Arbor, Institute for Social Research, 1959; Hannah Arendt, *Los orígenes del totalitarismo*, Janet Ward (ed.), Madrid, Taurus, 2013; Michel Foucault, *Vigilar y castigar: Nacimiento de la prisión*, Siglo XXI Editores, Buenos Aires, 2002; Gustavo Bueno, *El sentido de la vida*, Pentalfa Ediciones, Oviedo, 2008; Robert Greene, *Las 48 leyes del poder*, Editorial Atlántida, Buenos Aires, 2010.

Transformación práctica: del conocimiento a la acción

Este libro no se limitará a la teoría; te ofrecerá directrices prácticas, ejemplos inspiradores y modelos aplicables que podrás adoptar de inmediato. Cada página está diseñada para convertir el conocimiento en acciones efectivas que expandan tu poder y te posicionen como un agente de cambio en tu entorno.

Conviértete en el arquitecto de tu futuro

Tras este revelador recorrido, dominarás con ética e inteligencia las múltiples facetas del poder para construir tu destino. El éxito te aguarda, pero no está escrito: depende de ti trazar el camino, desatar tu potencial y transformar tu vida.

¡Prepárate para empoderarte y convertirte en leyenda!

2

Raíces y rutas del poder: un viaje histórico

> Quien controla el pasado controla el futuro. Quien controla el presente controla el pasado.
>
> George Orwell[3]

¿Alguna vez te has preguntado cómo ha moldeado el poder el mundo en que vives? La historia del poder no sólo revela cómo se ha ejercido a lo largo de las eras, sino que también ilumina tu papel actual en la sociedad. Desde las antiguas civilizaciones de Mesopotamia y Egipto hasta las revoluciones que dieron forma a nuestras democracias, cada etapa ofrece lecciones vitales que siguen siendo relevantes hoy.

Prehistoria y primeras civilizaciones: imagina las antiguas tribus en las que el poder era vital para la supervivencia. Los líderes no sólo eran fuertes; tenían carisma y habilidades excepcionales para guiar a sus comunidades. Con civilizaciones complejas, como Mesopotamia y Egipto, el concepto de poder se

3. Orwell, George, *1984*, Fundación Carlos Slim, México, 2017, p. 29.

estructuró en jerarquías organizadas. Visualiza cómo los faraones, elevándose a través de su supuesta conexión divina, construyeron maravillas arquitectónicas y establecieron una sociedad estratificada.

Sabiduría de los antiguos: pensadores como Platón y Aristóteles no sólo debatieron sobre el poder; hicieron de ello su mayor preocupación. En *La República*,[4] Platón promovía una gobernanza basada en la sabiduría, mientras que Aristóteles analizaba las diferentes formas de gobierno en su *Política*,[5] y proporcionaba un marco que sigue siendo relevante para entender las dinámicas de poder contemporáneas. Al avanzar hacia la Edad Media, el poder se entrelazó con el feudalismo, la lealtad se convirtió en moneda política y la Iglesia católica emergió como una fuerza dominante, gobernando a través de la influencia espiritual.

Renacimiento y modernidad: guiado por figuras como Maquiavelo,[6] el Renacimiento desafió las nociones tradicionales del poder y enfatizó el pragmatismo sobre la ética. Las revoluciones americana y francesa introdujeron ideas transformadoras, como la soberanía popular, y cimentaron las bases de las democracias modernas.

Contemporaneidad y globalización: en un mundo interconectado, el concepto de poder está en plena evolución. Hoy, actores como ONG, gigantes multinacionales y plataformas de redes sociales desafían la idea de que sólo los Estados tienen el control. Las empresas tecnológicas influyen en elecciones y moldean la opinión pública, convirtiendo la información en la nueva clave de poder.

4. Platón, *La República*, traducción de Conrado Eggers Lan, Gredos, Madrid, 1988.

5. Aristóteles, *Política*, traducción de Manuela García Valdés, Gredos, Madrid, 1988.

6. Maquiavelo, Nicolás, *El príncipe*, *op. cit.*

Conclusión

Entender la historia del poder no sólo nos revela el pasado, sino que ilumina nuestro presente y guía nuestro futuro. Al navegar por este panorama dinámico, es crucial reflexionar sobre cómo podemos convertirnos en agentes de cambio, y moldear un mundo en el que las estructuras de poder están en perpetua evolución.

3

La esencia del poder

El poder no se posee; se ejerce.

MICHEL FOUCAULT[7]

3.1. ¿Qué es el poder?

Definimos el poder como la capacidad de personas, instituciones[8] o Estados para ejercer influencia, ya sea de forma constructiva o destructiva, sobre otros. En términos sencillos: cuanto mayor sea la capacidad de causar efectos y consecuencias, mayor será el poder. Esta influencia se manifiesta a través de recursos, habilidades y estrategias, y varían según el contexto en que se ejerza.

7. Foucault, Michel, *Vigilar y castigar*, *op. cit.*, p. 27.

8. Una institución es una organización establecida que cumple funciones específicas en la sociedad y está regida por normas que facilitan su funcionamiento. Ejemplos de instituciones son empresas, universidades, partidos políticos, hospitales y bancos, que desempeñan un papel crucial en la estructura social y económica.

3.1.1. Aspectos clave del poder

Para comprender mejor esta compleja definición, consideremos los siguientes aspectos fundamentales:

1. **Diversidad de actores:** individuos, instituciones y Estados son los actores que ejercen poder, lo que lo convierte en un fenómeno colectivo e institucional, no puramente personal. Fíjate, por ejemplo, en un proyecto comunitario, los individuos (líderes y voluntarios), las instituciones (ayuntamientos, ONG) y los Estados (subvenciones); todos intervienen.
2. **Naturaleza activa:** el poder no es estático; es una capacidad de influencia dinámica que se redefine constantemente a través de la interacción con el entorno. Observa, por ejemplo, el flujo de poder en una conversación: una persona presenta una idea (poder comunicativo), otra la apoya (reforzando ese poder), y una tercera la refuta (debilitando el poder inicial).
3. **Interrelaciones:** actuar en el contexto del poder requiere navegar en un marco de relaciones interpersonales y sociales en las que las dinámicas entre actores son cruciales. El éxito de una empresa depende de la combinación multidisciplinar de diferentes tipos de poder, como el económico, el tecnológico, el social y el cultural.
4. **Construcción y destrucción:** el poder puede provocar resultados positivos o negativos, lo que subraya la profunda responsabilidad que recae en quienes lo ejercen. Contempla cómo una empresa utiliza el poder económico para desarrollar un producto innovador, generando «construcción» a través de la creación de empleo y la mejora de la calidad de vida. Sin embargo, una mala decisión en su lanzamiento puede llevar a la «destrucción», resultando en pérdida de cuota de mercado, cierre de la empresa y aumento del desempleo.
5. **Escala relativa:** el poder se mide por su capacidad de causar efectos, lo que implica que su impacto es relativo y

contextual. Si analizamos el impacto de la construcción de una vivienda (poder económico y social) es diferente para el constructor (beneficio económico) que para la familia que la habita (mejoría de su calidad de vida).

6. **Manifestación estratégica:** enfatizando la importancia de la inteligencia y la astucia, el poder se ejerce a través de una combinación de recursos, habilidades y estrategias. Piensa en una campaña política exitosa. Sólo la combinación estratégica de recursos (económicos, humanos y mediáticos), habilidades comunicativas y comprensión de las necesidades de los votantes puede dar la victoria a los candidatos.
7. **Contextualidad:** el efecto del poder varía según las circunstancias, lo que sugiere que no existe una única forma efectiva de ejercerlo. Por ejemplo, el discurso de un político en una plaza pública tiene mayor impacto que el mismo discurso emitido en una reunión privada.

3.2. Modalidades del poder

Tal como explicamos en la definición, el poder puede ser ejercido por personas, instituciones y Estados sobre otras personas, instituciones o Estados. De este modo, al combinar las distintas formas de ejercer el poder, obtenemos nueve modalidades diferentes: de persona a persona, de persona a institución, de persona a Estado, de institución a persona, de institución a institución, de institución a Estado, de Estado a persona, de Estado a institución y de Estado a Estado.

3.2.1. Los nueve modos de ejercicio del poder

El poder puede ser ejercido de manera «constructiva» o «destructiva». Al combinar estas formas de ejercicio, obtenemos 18 modalidades distintas:

1. Poder ejercido de persona sobre persona:
   a. **Constructivo:** un maestro que guía a un joven estudiante y lo inspira para desarrollar su talento y alcanzar sus sueños.
   b. **Destructivo:** un acosador que manipula emocionalmente a otra persona y crea un entorno tóxico y perjudicial.

2. Poder ejercido de persona sobre institución:
   a. **Constructivo:** un empleado que propone una innovación que mejora la eficiencia de su empresa e impulsa el crecimiento organizacional.
   b. **Destructivo:** un trabajador que filtra información confidencial y daña la reputación y la confianza en la organización.

3. Poder ejercido de persona sobre Estado:
   a. **Constructivo:** un activista que promueve cambios legislativos en su país para proteger el medio ambiente e inspira a otros a involucrarse en la causa.
   b. **Destructivo:** un individuo que propaga bulos y noticias falsas en las redes sociales para generar rechazo hacia el gobierno.

4. Poder ejercido de institución sobre persona:
   a. **Constructivo:** una empresa que capacita a sus empleados y potencia su desarrollo y contribuye a su crecimiento profesional.
   b. **Destructivo:** una corporación que explota a sus trabajadores y crea un ambiente laboral negativo y desmotivador.

5. Poder ejercido de institución sobre institución:
   a. **Constructivo:** organizaciones sin fines de lucro que colaboran para abordar problemas sociales, como la lucha conjunta contra el hambre.
   b. **Destructivo:** una empresa que emplea prácticas des-

leales para perjudicar a un competidor y distorsiona la competencia en el mercado.

6. Poder ejercido de institución sobre Estado:
   a. **Constructivo:** una organización que trabaja junto al gobierno en la formulación de políticas públicas efectivas y sostenibles.
   b. **Destructivo:** un grupo de presión que extorsiona al gobierno para obtener beneficios que comprometen el interés público.

7. Poder ejercido de Estado sobre persona:
   a. **Constructivo:** un gobierno que crea un plan de ayudas para familias numerosas y personas con discapacidad.
   b. **Destructivo:** un régimen autoritario que reprime la disidencia y limita las libertades individuales.

8. Poder ejercido de Estado sobre institución:
   a. **Constructivo:** un gobierno que ofrece incentivos fiscales a empresas sostenibles y promueve prácticas responsables.
   b. **Destructivo:** un Estado que impone regulaciones restrictivas que dificultan la operación de pequeñas empresas y limitan su crecimiento.

9. Poder ejercido de Estado sobre Estado:
   a. **Constructivo:** España y Francia firman un acuerdo para la cooperación en la protección de los Pirineos.
   b. **Destructivo:** un Estado que invade a otro por medio de la guerra y desencadena conflictos y crisis humanitarias.

Estos ejemplos ilustran cómo el poder puede ejercer tanto influencias constructivas como destructivas en sus diferentes contextos. En la tabla 3.1 se organizan las distintas modalidades de poder.

Tabla 3.1. Modalidades de poder

MODALIDADES DE PODER	... a personas	... a instituciones	... a Estados
De personas...	1a / 1b	2a / 2b	3a / 3b
De instituciones...	4a / 4b	5a / 5b	6a / 6b
De Estados...	7a / 7b	8a / 8b	9a / 9b

Fuente: Elaboración propia.

Para simplificar la referencia, utilizaremos un sistema numérico y alfabético para cada modalidad de poder. Así, mencionar «la modalidad de poder 6b» hará alusión a la influencia destructiva de instituciones sobre Estados. Este enfoque te permitirá navegar de manera ágil y enriquecedora por el intrincado mundo del poder y sus múltiples dinámicas.

Ejercicio: reflexiona sobre tu poder. Describe una situación cotidiana en la que hayas ejercido poder, ya sea de forma constructiva o destructiva. Identifica los recursos, las habilidades y las estrategias que utilizaste. Analiza los resultados obtenidos. ¿Qué podrías haber hecho de forma diferente para maximizar tu impacto?

Conclusión

Como hemos visto, el poder es una fuerza omnipresente que se manifiesta en todas las esferas de la vida, desde la interacción personal hasta las complejas dinámicas entre instituciones y Estados. Al desglosar sus diversas modalidades, entendemos que cada acción, ya sea constructiva o destructiva, tiene un impacto significativo en el entorno que nos rodea. Con este conocimiento, estás preparado para el siguiente paso... ¡Vamos a descubrir los 10 tipos de poder que puedes ejercer en tu vida!

4

Los 10 tipos de poder: una exploración integral

> Las personas generalmente no renuncian a su poder; simplemente no son conscientes de que lo tienen.
>
> Ralph Nader[9]

El poder es una de las fuerzas más fundamentales que influyen en la vida humana. En su esencia, el poder representa la capacidad de individuos, instituciones o Estados para ejercer influencia sobre otros, y esta influencia puede manifestarse de manera tanto constructiva como destructiva. En un mundo en el que las dinámicas sociales, económicas y políticas son cada vez más complejas, entender los distintos tipos de poder se vuelve crucial para navegar estratégicamente por las relaciones interpersonales, profesionales e institucionales.

No existe un único tipo de poder. Es inapropiado entender el poder de manera unívoca o monológica. Hay diversas formas de

9. Nader, Ralph, *The Seventeen Traditions*, HarperCollins, Nueva York, 2007, p. 148.

poder, cada una con naturalezas e impactos muy distintos. Por ejemplo, un boxeador puede ejercer poder biológico al usar su fuerza física en el *ring*, mientras que, utilizando su poder social, un activista puede movilizar a miles de personas en una manifestación.

Aunque las expresiones del poder pueden parecer diversas y multifacéticas, en este libro sostenemos que todos los tipos de poder que ejercen los seres humanos pueden clasificarse, de alguna manera, en 10 tipos fundamentales. Estos tipos son universales y abarcan desde las formas más primitivas de poder, como el poder biológico, hasta las formas más sofisticadas, como el poder tecnológico y cultural. Juntos, estos tipos de poder explican cómo los individuos, las organizaciones y los Estados interactúan y ejercen influencia en sus entornos, e impactan en comportamientos, decisiones y estructuras sociales.

Cada tipo de poder se distingue por el medio mediante el cual ejerce su influencia, así como por los recursos o capacidades que lo respaldan y el contexto en el que se manifiesta. Por ejemplo, el poder comunicativo se ejemplifica en un líder carismático que inspira a su equipo con palabras, mientras que el poder económico se observa en un inversionista que puede decidir el futuro de una empresa mediante una inyección de capital.

Para facilitar la comprensión del lector, los 10 tipos de poder se ordenarán desde los más básicos y primitivos hasta los más complejos y abstractos. Esta progresión refleja la evolución del poder a medida que la humanidad ha desarrollado nuevas formas de ejercer influencia a lo largo de la historia. A continuación, se presentan ordenados de manera resumida los 10 tipos de poder:

1. **Poder biológico:** es el tipo más primitivo, basado en el cuerpo físico y la influencia que ejercemos a través de nuestra presencia corporal, ya sea por contacto directo (golpes o agarrones) o a distancia (intimidación o atractivo físico). Por ejemplo, una persona con una presencia imponente y una postura segura puede proyectar confianza y autoridad, influyendo en la percepción de los demás.

2. **Poder emocional:** surge de la capacidad de gestionar nuestras propias emociones y de influir en las de los demás. Un líder que inspira confianza y motivación en su equipo a través de la empatía y la comprensión puede generar un clima positivo y productivo.
3. **Poder comunicativo:** se basa en la habilidad de influir a través del lenguaje, la persuasión y la oratoria. Un activista que sabe articular sus ideas de manera clara y convincente puede movilizar a las masas.
4. **Poder social:** derivado de la cantidad de relaciones y el estatus en un grupo. Un *influencer* con millones de seguidores en redes sociales puede promover cambios de comportamiento y generar un impacto significativo en la opinión pública.
5. **Poder institucional:** emana de organizaciones formales, ya sean públicas o privadas. Por ejemplo, una universidad que establece políticas académicas tiene poder institucional que influye en el comportamiento de sus estudiantes.
6. **Poder económico:** se ejerce a través del control de recursos materiales y financieros. Un empresario con capital millonario para invertir puede alterar el rumbo de una industria.
7. **Poder político:** ejerce influencia a través de las estructuras gubernamentales (del Estado). Un presidente que optimiza al máximo los recursos públicos puede transformar la economía y la sociedad de un país.
8. **Poder estratégico:** relacionado con la planificación y la toma de decisiones calculadas. Un empresario que anticipa las tendencias del mercado y lanza un producto innovador antes que sus competidores puede obtener una ventaja significativa.
9. **Poder técnico-tecnológico:** consiste en la sofisticación y eficiencia de las tecnologías empleadas a la hora de lograr un objetivo. Un ejemplo actual es el uso de la inteligencia artificial para personalizar la experiencia del cliente y mejorar la eficiencia de las operaciones de una empresa.
10. **Poder cultural:** es el más amplio y envolvente, ya que se

ejerce a través de las normas, valores y creencias que moldean a las sociedades. Lo podemos encontrar en una campaña de marketing que conecta con la identidad cultural del público objetivo para promover el consumo de un producto.

La universalidad de los tipos de poder

Los 10 tipos de poder que hemos analizado abarcan todas las formas de influencia que los seres humanos ejercen en sus interacciones diarias. Aunque cada tipo tiene particularidades únicas, en la práctica muchas veces se entrelazan y complementan, creando una red dinámica e intrincada que define nuestras relaciones. Es fundamental entender el poder no como un fenómeno aislado, sino como una fuerza multifacética que opera en diferentes ámbitos de nuestra vida cotidiana.

Por ejemplo, el poder económico no sólo puede reforzar el poder político, sino que también afecta profunda y directamente a la manera en que las sociedades se organizan y toman decisiones. Un empresario multimillonario tiene la capacidad de influir en leyes y políticas que le sean favorables, mientras que un Estado puede utilizar recursos económicos para ejercer presión sobre otros países y moldear el panorama global.

Del mismo modo, el poder biológico, manifestado en la fuerza física o la presencia, transforma las percepciones sociales y culturales. Un atleta de élite, gracias a su dominio físico (poder biológico), adquiere fama (poder social e institucional) y ejerce una influencia que se extiende más allá del deporte, impactando en áreas como el marketing y el consumo (poder económico y cultural). Un líder político carismático, en cambio, con su posición estratégica y su capacidad para conectar emocionalmente con las personas, puede ejercer un poder social, inspirando a otros a seguirlo.

La realidad humana es compleja y polifacética, y los individuos ejercen sus capacidades de poder en diversos ámbitos. Por ejemplo, un luchador de UFC utiliza su poder biológico para ganar combates; un Estado impone multas a sus ciudadanos a través de su poder político. Una persona que invierte en bolsa o compra una propiedad ejerce su poder económico, mientras que una madre que brinda apoyo a su hijo en la adversidad de una enfermedad manifiesta su poder emocional. En contraste, una *start-up* de teléfonos móviles moviliza a los consumidores para adquirir sus productos gracias a su poder tecnológico y comunicativo. Estos ejemplos ilustran cómo el poder se presenta en múltiples formas y contextos, cada uno con su propio impacto y relevancia.

Conclusión

Reconocer la universalidad del poder, sus diferentes tipos y su capacidad para entrelazarse brinda una comprensión más profunda de las dinámicas complejas que rigen nuestra realidad. Con esta perspectiva, nos enfocaremos en cómo se manifiestan y ejercen estos 10 tipos de poder en tu vida cotidiana. No sólo buscamos clarificar sus características, sino también fortalecerte para identificar y aprovechar tus propias fuentes de poder de manera efectiva, y facilitar así el logro de tus metas. ¡Con esta base sólida, prepárate para abordar el primer tipo de poder: el biológico!

4.1. Poder biológico

> La vida no se trata de encontrarse a uno mismo, sino de crearse a uno mismo.
>
> George Bernard Shaw[10]

10. Si bien esta cita no aparece textualmente en algún trabajo específico de George Bernard Shaw, refleja la filosofía expresada en sus obras, incluyendo *Man and Superman* (1903), donde explora la identidad y la autodeterminación.

En este apartado te invitamos a analizar cómo el contacto físico, la presencia y la imagen corporal se convierten en herramientas fundamentales para la autosuperación y el crecimiento personal. El poder biológico, el tipo más primitivo de poder, está íntimamente ligado al cuerpo y se manifiesta tanto en humanos como en animales. Este poder se despliega de dos maneras: «por contacto» (a través de la fuerza física directa o interacciones afectivas) y «a distancia» (cuando la presencia corporal conmueve mediante la intimidación o la seducción). Dado que la percepción del cuerpo impacta en la autoridad y el liderazgo de las interacciones, la influencia del poder biológico es evidente en las dinámicas sociales y psicológicas.

Poder biológico «por contacto»

Este poder se ejerce a través del contacto físico directo e incluye tanto la habilidad corporal y fuerza bruta como la conexión emocional. En el ámbito físico, ejemplos históricos como los gladiadores romanos destacan por utilizar habilidades de combate para ejercer influencia y alcanzar metas personales. En el mundo moderno, boxeadores como Manny Pacquiao muestran cómo la habilidad puede triunfar sobre la fuerza pura.

Por otro lado, la dimensión afectiva de este poder se manifiesta en gestos de cariño, como el abrazo de una madre a su hijo, que fortalecen los vínculos emocionales y brindan consuelo. En el reino animal, el acicalamiento entre chimpancés no sólo asegura la higiene, sino que también refuerza la cohesión social.

¿Cómo incrementar mi poder biológico «por contacto»?

Incrementar el poder biológico «por contacto» requiere establecer hábitos que fortalezcan tu cuerpo constantemente. Es un excelente punto de partida practicar deportes que desarrollen fuerza, resistencia y agilidad (como el gimnasio, el ciclismo, el rugby, la natación o el fútbol). Si tu objetivo es maximizar este tipo de poder, es en particular eficaz la práctica continua de deportes de contacto, como boxeo, *kickboxing*, karate, taekwondo y halterofilia.

Un ejemplo inspirador es el de Lydia Valentín, la halterófila española que ha mostrado cómo el poder biológico puede combinarse con la fuerza mental para lograr una transformación profunda. A pesar de enfrentar obstáculos como lesiones y discriminación en su deporte, rompiendo récords y abogando por la igualdad de género, Lydia se ha convertido en un referente internacional.

No debemos olvidar que el poder biológico «por contacto» también se incrementa a través del cariño y las conexiones emocionales. Generamos un impacto positivo al dar afecto físico a las personas a las que apreciamos, como al abrazar o poner una mano en el hombro en un momento de apoyo. Por ejemplo, Juan, que después de un día difícil siempre recibe un abrazo de su pareja, siente una profunda sensación de alivio y fortaleza gracias a ese contacto físico que los une.

Aspectos alimentarios

Además de la actividad física, la alimentación juega un papel crucial. Es esencial mantener una dieta equilibrada que incluya todos los nutrientes necesarios. Es fundamental consumir una proporción adecuada de hidratos de carbono (55-60 por ciento de las calorías totales), grasas (25-30 por ciento) y proteínas (15 por ciento).[11] Por ejemplo, incluir un plato de quinoa con vegetales y pollo puede ser una opción nutritiva y deliciosa.

11. Información extraída de la sección «Alimentación saludable» de <www.aeal.es>, <https://www.aeal.es/alimentacion-y-nutricion/3-alimentacion-saludable/>.

Aspectos psicológicos

No subestimes la conexión entre el desarrollo físico y la confianza en uno mismo. Al aumentar tu poder biológico «por contacto», también fortaleces tu autoestima. A medida que te vuelves más fuerte y hábil, sientes una mayor seguridad en ti mismo, lo que influye positivamente en tus interacciones sociales y profesionales. Esta conexión refleja cómo los antiguos guerreros, como los samuráis, cultivaban tanto la fuerza física como el espíritu para enfrentar desafíos.

Mitos comunes

Es importante desmentir mitos que rodean la actividad física y la alimentación. Por ejemplo, muchos creen que sólo es posible obtener buenos resultados con el ejercicio intenso. Sin embargo, actividades moderadas, como caminar o nadar, también pueden ser efectivas si se practican con regularidad. Asimismo, algunas personas piensan que deben evitar por completo las grasas; no obstante, las grasas saludables son esenciales para el funcionamiento del organismo.

Consejos prácticos

- **Elige alimentos inteligentemente:** haz una lista de compras semanal que incluya una variedad de opciones y considera preparar comidas por adelantado para facilitar una alimentación saludable.
- **Establece un plan de entrenamiento:** dedica al menos tres días a la semana a entrenar. Para maximizar tus resultados, alterna ejercicios de fuerza y cardio.
- **Escucha a tu cuerpo:** si sientes que necesitas un descanso, tómalo. La recuperación es tan importante como la preparación física.

Poder biológico «a distancia»

El poder biológico «a distancia» se extiende como un aura invisible que emana desde nuestros cuerpos sin necesidad de tocarnos. La vista, el oído e incluso el olfato se convierten en canales de influencia. Michel Foucault argumenta que aunque sea a través de una interacción social desde la distancia, la autoridad que ejerce el cuerpo sobre los demás es un aspecto crítico de la dinámica de poder.[12]

Imagina entrar en una sala y encontrarte con una figura imponente, alta y musculosa. Inconscientemente, tu comportamiento cambia, te vuelves más cauteloso. Es la fuerza del poder biológico «a distancia», que opera como una especie de lenguaje universal, y hasta los animales lo utilizan: un oso se yergue para parecer más amenazante, un león ruge para marcar su territorio. No hay agresión física, pero la intimidación es palpable. En esencia, este poder nos habla de cómo nuestra percepción del cuerpo, de la fuerza y de la amenaza, moldea nuestras interacciones.

El poder biológico «a distancia» va más allá de la intimidación, se revela también en el atractivo físico y la seducción. Tal como el pavo real que cautiva con su deslumbrante plumaje, una modelo encantadora en un anuncio no sólo capta miradas, sino que también puede influir en la decisión de compra del espectador. Un ícono en este ámbito es Marilyn Monroe, que con su famosa declaración sobre usar sólo unas gotas de Chanel n.º 5 para dormir ejerció un poder de seducción que aún resuena en la cultura popular.

¿Cómo incrementar mi poder biológico «a distancia»?

El poder biológico «a distancia» se refiere a los atributos físicos que aumentan el atractivo y la capacidad de imponer. Transmitiendo protección, agresión potencial, buena genética y un físico saludable también se ejerce un poder notable «a distancia». Para potenciar tu poder biológico «a distancia», es fundamental mantener una pre-

12. Foucault, Michel, *Vigilar y castigar*, *op. cit.*, pp. 124-147.

sencia física cuidada. Esto implica, al igual que en el poder «por contacto», trabajar en el gimnasio y controlar la alimentación.

Lenguaje corporal

El lenguaje corporal adecuado es clave para proyectar confianza y seguridad.[13] Se refiere a cómo te posicionas y te mueves. Según la psicología de la percepción, las posturas abiertas y rectas son percibidas como más atractivas. Investigaciones de Allan y Barbara Pease[14] revelan que nuestras elecciones de lenguaje corporal y posturas de poder afectan tanto a la percepción que los demás tienen de nosotros como a nuestra propia sensación de confianza. Practica frente a un espejo: mantén la espalda recta, evita encorvarte y utiliza gestos expansivos que reflejen seguridad. Incluso alguien físicamente imponente puede perder presencia si adopta una postura encorvada y sumisa.

Un ejemplo muy positivo es Serena Williams, la legendaria tenista con 23 títulos de Grand Slam. En la cancha, Serena emana poder y seguridad, con su postura erguida, su mirada intensa y sus movimientos decididos proyecta una actitud de dominancia y confianza que intimida a sus oponentes.

Contacto visual

Mantener un contacto visual relajado y constante es crucial para mostrar confianza.[15] Si miras mucho al suelo o desvías la mirada, puedes ser percibido como inseguro. Practica mante-

13. Carmona, Rocío, «¡Cuida la postura! Tu lenguaje corporal condiciona tu conducta en situaciones difíciles», *La Vanguardia*, <https://www.lavanguardia.com/vivo/psicologia/20190601/462567750848/postura-lenguaje-corporal-condiciona-conducta-situaciones-dificiles.html>.

14. Pease, Allan; y Pease, Barbara, *El lenguaje del cuerpo: cómo interpretar a los demás a través de sus gestos*, Editorial Amat, Barcelona, 2006, pp. 14-33.

15. Toledo, César, <analisisnoverbal.com>, <https://www.analisisnoverbal.com/contacto-visual-y-comunicacion-no-verbal/>.

ner un 80 por ciento de contacto visual y un 20 por ciento de desconexión, lo que te permitirá conectar genuinamente sin incomodar a los demás.

Vestimenta

La vestimenta también juega un papel importante. Aunque no forma parte de nuestro cuerpo, se «fusiona» con él. De la misma forma que el plumaje de los pájaros o la piel de las serpientes: se quitan y se ponen. Opta por ropa que favorezca tu figura; por ejemplo, si eres bajo, por efecto óptico las rayas verticales pueden ayudarte a parecer más alto. Investiga sobre los colores que mejor te sientan. Una persona con un estilo cuidado proyecta confianza y puede influir en cómo la juzgan los demás.

Olor y perfume

El perfume es una herramienta fascinante de poder biológico «a distancia» capaz de influir en cómo nos perciben los demás. Inspirados en las feromonas animales, los aromas pueden seducir, dejar impresiones imborrables y potenciar el carisma personal. Un ejemplo icónico es Acqua di Giò, de Giorgio Armani, cuyas notas frescas evocan libertad y sofisticación. Al igual que los animales utilizan el olor para atraer parejas o marcar territorio, los humanos podemos emplear perfumes para realzar nuestra presencia y confianza en las interacciones diarias.

Maquillaje y cuidado personal

El maquillaje y los cuidados estéticos son herramientas poderosas. Un buen maquillaje puede resaltar tus rasgos y aumentar tu atractivo. La historia de una mujer que se siente más atractiva al usar un lápiz labial llamativo ilustra este punto; la transformación que siente le ayuda a proyectar confianza en su entorno.

Finalmente, cuidar de tu apariencia general, como tener una piel bien cuidada, un corte de pelo moderno y dientes blancos, puede incrementar significativamente tu poder biológico «a distancia». Recuerda que una persona bien aseada, en general, tiene más probabilidad de influir de manera positiva en los demás. Si te fijas, hoy día, hasta los políticos cuidan su imagen al detalle.

Consejos prácticos

- **Entrenamiento físico regular:** establece un programa de ejercicios que te ayude a mantenerte en forma y saludable.
- **Practica el lenguaje corporal:** dedica unos minutos al día frente al espejo a trabajar en tu postura y tus gestos.
- **Ejercicios de contacto visual:** practica mantener la mirada en conversaciones con amigos o familiares.
- **Selecciona tu ropa con cuidado:** haz un inventario de tu armario y elige prendas que te favorezcan en combinación de colores y tallas.

Impacto cultural y ético

Es crucial recordar que la expresión del poder biológico puede variar según factores culturales y contextuales. En algunas culturas, la fuerza física es valorada, mientras que en otras, la elegancia y la sutileza pueden tener más peso. Además, el ejercicio de este poder conlleva una responsabilidad ética: ¿hasta qué punto es aceptable utilizar nuestra apariencia física o nuestra fuerza para influir en otros?

Conclusión

Incrementar tu poder biológico requiere disciplina y atención a tu cuerpo y presencia. A través del entrenamiento y el autocuidado, podrás amplificar tu influencia y enriquecer tus interacciones. Este proceso transforma no sólo tus capacidades físicas, sino también la forma en que los demás te perciben, lo que generará un impacto positivo en tu vida personal y profesional. Cada detalle cuenta. Con compromiso y dedicación, maximizarás tu poder biológico. ¡Recuerda: el verdadero potencial está en ti! Mejora tu físico y desata tu capacidad para alcanzar tus metas. ¡Es tiempo de brillar!

4.2. Poder emocional

> Las personas olvidarán lo que dijiste, olvidarán lo que hiciste, pero nunca olvidarán cómo las hiciste sentir.
>
> MAYA ANGELOU[16]

El poder emocional es la habilidad de influir en nuestras propias emociones y en las de los demás. Esta influencia trasciende el ámbito individual, extendiéndose a instituciones y Estados. Este poder puede ser transformador, fomentando confianza y empatía, o volverse manipulador, utilizándose para controlar y coaccionar. Dominar tus emociones y aprender a impactar en las de otros es esencial para forjar relaciones sólidas y alcanzar tus metas. Como afirma Daniel Goleman, la inteligencia emocional es clave para el éxito.[17] Analicemos sus dos facetas: poder emocional interno y poder emocional externo.

16. Aunque esta cita no se encuentra textualmente en ninguna obra de Maya Angelou, encapsula su visión sobre la importancia de las emociones en las relaciones humanas, como se refleja en su autobiografía *I Know Why the Caged Bird Sings* (1969), donde aborda la conexión y la dignidad.

17. Goleman, Daniel, *La práctica de la inteligencia emocional*, traducción del inglés de Fernando Mora y David González Raga, Kairós, Barcelona, 1988, pp. 33-36.

Poder emocional interno

Se refiere a la capacidad de gestionar y regular nuestras propias emociones, una habilidad fundamental para enfrentar los retos diarios y momentos de adversidad. Se ejerce desde nosotros mismos hacia nosotros mismos (podemos clasificarlo en la modalidad del poder 1a / 1b, de «persona a persona»). Este tipo de poder implica mantener el equilibrio emocional, gestionar el estrés, vencer la tristeza, manejar la impulsividad y automotivarnos cuando los desafíos parecen insuperables.

El estoicismo, una filosofía grecorromana, proporciona herramientas valiosas para fortalecer nuestro poder emocional interno. Una de sus enseñanzas fundamentales es que aunque no controlamos los eventos externos, sí podemos controlar cómo respondemos a ellos. Epicteto decía: «No son las cosas las que nos perturban, sino nuestra interpretación de ellas».[18] Dándonos poder sobre nuestras reacciones emocionales, esta perspectiva nos invita a redefinir nuestra relación con los problemas.

Un ejemplo histórico que ilustra este poder interno es el emperador romano Marco Aurelio, que, a pesar de enfrentarse a guerras y plagas, mantuvo la serenidad. En sus escritos de *Meditaciones*, enfatiza cómo el autocontrol emocional y la introspección pueden convertir los desafíos externos en oportunidades de crecimiento personal. Al afirmar que «el impedimento para la acción avanza la acción; lo que se interpone en el camino se convierte en el camino»,[19] Marco Aurelio nos enseña que los obstáculos no son simples barreras, sino peldaños que nos empujan hacia delante. Transformando la adversidad en un motor para nuestro desarrollo personal, esta perspectiva nos invita a considerar cada desafío como una oportunidad para cultivar fortaleza y sabiduría.

18. Epicteto, *Enquiridión*, traducido del griego por Antonio Brum, primera edición, Bruselas, 1969, publicación anexa a los antiguos *Cuadernos Literarios Ponent*, 2022, p. 7.

19. Marco Aurelio, *Meditaciones*, *op. cit.*, libro 5, sección 20.

Ejemplos prácticos del poder emocional interno

- **Autodisciplina:** es crucial a la hora de desarrollar la dedicación y constancia necesarias para lograr nuestras metas. Implica un compromiso profundo con el crecimiento personal para asegurarnos mantener el rumbo incluso en períodos de dificultad.
- **Automotivación:** frente al fracaso o la falta de inspiración, este poder nos ayuda a recordar nuestros valores y metas, y nos impulsa a seguir adelante. Los grandes deportistas, por ejemplo, utilizan esta capacidad para levantarse después de una derrota y centrarse en el aprendizaje.
- **Manejo de la impulsividad:** en situaciones de ira o frustración, el poder emocional interno permite pausar y reflexionar antes de reaccionar impulsivamente. El *mindfulness* ('atención plena') es una herramienta útil para desarrollar este control, nos ayuda a observar nuestras emociones sin dejar que nos dominen.
- **Resiliencia:** es la capacidad de adaptarse y recuperarse ante las adversidades, fortaleciendo el carácter y la tenacidad. Por ejemplo, muchos emprendedores han demostrado resiliencia al enfrentar fracasos, transformando esas experiencias en lecciones que les permiten reinventarse y lograr el éxito en futuros proyectos.
- **Superación de la tristeza:** aunque la tristeza es una emoción natural, el poder emocional interno nos permite enfrentarnos a ella de forma constructiva y evitar que nos atrape. La enseñanza estoica de que «todo es transitorio» nos recuerda que incluso las emociones dolorosas son pasajeras.

Un ejemplo destacado de cómo el poder emocional interno puede conducirnos a la felicidad y al éxito es Mario Alonso Puig, cirujano español y experto en liderazgo.[20] Con firmeza y sereni-

20. Contenido disponible en su web: <https://marioalonsopuig.com>.

dad, nos enseña que la gestión efectiva de nuestros sentimientos es fundamental para alcanzar una vida plena y significativa.

Desata la alquimia emocional

Para concluir con el «poder emocional interno», quiero revelarte un secreto transformador. La ley de la conservación de la energía nos enseña que ésta no se crea ni se destruye, solo se transforma. ¿Qué pasaría si aplicáramos esta ley a nuestras emociones negativas? La tristeza, la ansiedad, la rabia y el odio..., toda esa energía oscura puede convertirse en motivación, disciplina y productividad. El truco radica en ser consciente, asumir plena responsabilidad (sin culpar a otros) y canalizar esa fuerza hacia acciones útiles y constructivas. Aunque exige autocrítica y voluntad, te aseguro que transformar la frustración en potencial productivo te brindará un control y una felicidad sin límites.

Poder emocional externo

El poder emocional externo se refiere a nuestra habilidad para influir en las emociones de los demás. Este poder puede utilizarse de manera positiva y generar confianza, tranquilidad y motivación, o puede ser manipulado para controlar y engañar.

Poder emocional externo constructivo: motivación e inspiración

El poder emocional externo, cuando se utiliza de forma constructiva, genera ambientes de confianza y seguridad que impulsan el bienestar de las personas. Líderes carismáticos, terapeutas y entrenadores aprovechan esta capacidad para motivar y empoderar a otros. Observa cómo se manifiesta esta influencia en diferentes ámbitos:

- **Dar confianza y tranquilidad:** un ejemplo claro es el del primer ministro británico Winston Churchill durante la Segunda Guerra Mundial, quien a través de discursos emotivos infundió confianza y determinación en un pueblo devastado por la guerra. Su famoso discurso «Lucharemos en las playas»[21] no sólo movilizó a la nación, sino que fortaleció la resiliencia colectiva.
- **Generar empatía y solidaridad:** en el campo de la psicología, los terapeutas crean espacios seguros en los que los pacientes se sienten comprendidos. Utilizan su poder emocional para guiar a sus pacientes hacia un cambio positivo, como ocurre en la terapia cognitivo-conductual, y les ayudan a reformular pensamientos negativos.
- **Motivar y unir:** en el deporte, entrenadores como Phil Jackson han destacado por su capacidad para manejar las emociones de sus equipos.[22] Jackson, conocido por su enfoque en la meditación y la fortaleza emocional, ayudó a figuras como Michael Jordan y Kobe Bryant a mantener la calma en los momentos más tensos para impulsar al máximo su rendimiento.

Si nos vamos a la historia de España, un ejemplo memorable de cómo el poder emocional externo constructivo puede calmar la tormenta y generar confianza se encuentra en el discurso de Juan Carlos I tras el intento de golpe de Estado de 1981.[23] Su voz firme, pero serena, y su mensaje de unidad nacional, transmitido al país en un momento de gran incertidumbre, lograron apaciguar los ánimos y evitar una posible crisis política.

21. Disponible en español en <https://www.retoricas.com/2009/05/discurso-original-de-wiston-churchill.html>.

22. Haro, Juan, «Lecciones de Phil Jackson» (NBA), <https://juanharo.com/lecciones-de-phil-jackson/>.

23. Disponible en <https://www.rtve.es/play/videos/fue-noticia-en-el-archivo-de-rtve/mensaje-del-rey-juan-carlos-tras-intentona-golpista-del-23f/5800871/>.

Poder emocional externo destructivo: manipulación y control

El poder emocional externo puede utilizarse de forma destructiva para manipular a los demás, como ocurre en la psicología oscura.[24] Diversas técnicas, desde la creación de dependencia emocional hasta la alteración de la memoria, se utilizan para controlar y coaccionar. Analicemos algunas de estas tácticas:

- **El triángulo dramático:** esta técnica insidiosa establece una dinámica entre los roles de víctima, rescatador y perseguidor, permitiendo que el manipulador ejerza control al crear dependencia emocional.
- ***Gaslighting*:** esta táctica induce a la víctima a cuestionar su propia memoria y percepción de la realidad por medio de acciones y relatos engañosos, desestabilizando su sentido de cordura.
- **Control a través del miedo en regímenes autoritarios:** líderes autoritarios como Stalin han usado el miedo como una herramienta fundamental para mantener el poder. Creando un entorno de paranoia y desconfianza, Stalin reprimió cualquier oposición, forzando la sumisión de su pueblo a través del terror y la represión. Este ejemplo muestra cómo el miedo, en un contexto de falta de libertades, se convierte en una herramienta poderosa de control político.
- **Propaganda emocional a gran escala:** a lo largo de la historia, los regímenes totalitarios han utilizado la propaganda emocional para influir en las masas. Un ejemplo clarísimo es el uso que hizo el régimen nazi de las emociones colectivas de odio y venganza para justificar la violencia y el genocidio. La propaganda de Joseph Goebbels explotaba los rencores y ansiedades de la población

24. Prieto, Edwin, «¿Qué es la psicología oscura y cómo se relaciona con la manipulación?», *Southern New Hampshire University*, <https://es.snhu.edu/blog/psicologia-oscura>.

alemana[25] para manipular su apoyo al régimen nazi. Este caso ilustra el potencial del control emocional para justificar acciones extremas y obtener apoyo masivo.

- **Manipulación en redes sociales:** hoy en día, las redes sociales sirven como herramientas para moldear emociones a gran escala. La difusión de noticias falsas y cuentas engañosas busca generar controversias y alterar la opinión pública, utilizando técnicas cada vez más sofisticadas, como bots e inteligencia artificial. Ejemplos como el Brexit en el Reino Unido, donde se usaron campañas de desinformación para promover la salida de la UE,[26] y la elección de Donald Trump en Estados Unidos, que empleó publicidad dirigida en redes sociales para influir en los votantes, demuestran cómo estas tácticas pueden tener consecuencias políticas y sociales duraderas.

Conclusión

El poder emocional, tanto interno como externo, es una fuerza formidable en nuestras vidas. Desarrollar el poder emocional interno significa aprender a gestionar nuestras emociones, enfrentarlas y hallar fortaleza en la adversidad. En contraste, el poder emocional externo nos permite influir en los demás, ya sea para inspirar confianza o, en su forma negativa, para manipular. Al comprender y cultivar estas habilidades, mejorarás no sólo tus relaciones personales, sino también tu entorno social y profesional. Domina tu mente e impacta positivamente en el corazón de quienes te rodean, iluminando así a tu círculo cercano. ¡Aprovecha tu poder emocional y transforma tu vida!

25. Sadurní, J. M., «Goebbels, el temido ministro de la propaganda de Hitler», *Historia National Geographic*, <https://historia.nationalgeographic.com.es/a/goebbels-temido-ministro-propaganda-hitler_14181>.

26. «Los trapos sucios del Brexit», *El Mundo*, <https://www.elmundo.es/internacional/2018/03/28/5aba649d22601de5178b4591.html>.

4.3. Poder comunicativo

> La comunicación es el recurso más poderoso que tenemos como humanos.
>
> TONY ROBBINS[27]

El poder comunicativo es la capacidad de personas, instituciones y Estados para influir en otros a través del uso efectivo del lenguaje, los medios y las formas de expresión. Este poder se manifiesta en la habilidad de transmitir ideas, narrativas y valores de manera que impacten y movilicen a las audiencias. Cuanto más persuasiva, clara y accesible sea la comunicación, mayor será su capacidad de ejercer influencia. No olvides que tu voz es tu poder. Para dominarlo y utilizarlo a tu favor, analicemos sus aspectos clave.

Aspectos clave del poder comunicativo

- **Efectividad del mensaje:** un mensaje bien estructurado y adaptado al público puede cambiar opiniones y motivar acciones. Por ejemplo, el discurso de Martin Luther King Jr. en 1963, «Tengo un sueño»,[28] no sólo expuso su visión de igualdad racial, sino que movilizó a miles de personas hacia la lucha por los derechos civiles y creó un sentido de urgencia y comunidad. Este tipo de comunicación genera un profundo sentido de pertenencia y propósito.
- **Persuasión:** la capacidad de convencer es esencial. Un político que comparte historias personales sobre sus luchas

27. Esta frase de Tony Robbins no se atribuye directamente a una obra específica suya, es una reflexión extraída de muchos de sus escritos y presentaciones. Sus libros, como *Despertando al gigante interior* (1991) y *Poder sin límites (1986)*, analizan cómo impacta la comunicación en nuestras vidas.

28. Discurso «Tengo un sueño» traducido por *El Mundo* en la sección «Intervención histórica», <https://www.elmundo.es/especiales/2013/internacional/martin-luther-king/texto-integro.html>.

puede resonar más en su público que uno que simplemente presenta estadísticas frías. En la campaña de Barack Obama de 2008, su habilidad para conectar emocionalmente con los votantes a través de relatos personales de superación ayudó a galvanizar un amplio apoyo, y fue un fenómeno en las redes sociales.

- **Accesibilidad:** la forma en que se presenta la información determina su impacto. Utilizar un lenguaje claro y sencillo, junto con diferentes formatos, permite que el mensaje llegue a un público más amplio. Por ejemplo, la serie documental «El Comidista» de *El País* ha logrado conectar con una amplia audiencia a través de un lenguaje coloquial y accesible que explica, con humor y claridad, los secretos de la gastronomía.[29]
- **Interacción:** el poder comunicativo no es un proceso unidireccional; la interacción con el público amplifica la eficacia del mensaje. En plataformas como X e Instagram, los usuarios se sienten más conectados y comprometidos cuando sus opiniones son respondidas y valoradas. Durante el movimiento #MeToo, las redes sociales jugaron un papel crucial al permitir que miles de personas compartieran sus experiencias y amplificar un potente mensaje colectivo de cambio social.[30]
- **Contextualidad:** la efectividad del poder comunicativo varía según el contexto. Un mensaje que funciona en un entorno cultural puede no ser igual de eficaz en otro. La cerveza española Estrella Galicia adapta su comunicación a diferentes mercados.[31] En España, resalta sus raíces ga-

29. «El Comidista», gastronomía en *El País*, <https://elpais.com/gastronomia/el-comidista/>.

30. Rey, Marta, «Cinco años del #MeToo, una revolución a través de una etiqueta: "Ahora se aprecia la magnitud del problema"», RTVE Noticias, <https://www.rtve.es/noticias/20221015/cinco-anos-del-metoo-revolucion-a-traves-hashtag-ahora-se-aprecia-magnitud-del-problema/2405942.shtml>.

31. Barro, Pablo, «Estrella Galicia pone Estados Unidos en su punto de mira», *Economía Digital Galicia*, <https://www.economiadigital.es/galicia/empresas/estrella-galicia-pone-estados-unidos-en-su-punto-de-mira_402387_102.html>.

llegas, mientras que en Estados Unidos destaca su calidad *premium* y artesanal apuntando a un público que aprecia las cervezas *craft*.

- **Impacto social:** las narrativas pueden influir en la forma en que se perciben temas sociales, políticos o económicos. Un ejemplo en el contexto español es la serie *El Ministerio del Tiempo*,[32] que no sólo entretiene, sino que invita a reflexionar sobre la identidad nacional, la memoria histórica, la cultura y el papel de distintos dirigentes.

El poder comunicativo es una herramienta fundamental para ejercer influencia en la sociedad. Su capacidad para informar, persuadir y movilizar a las personas lo convierte en un elemento clave en todas las relaciones interpersonales y en la dinámica entre individuos, instituciones y Estados. Recuerdo un acontecimiento comunitario en el que un simple llamado a la acción de un vecino inspiró a muchos a unirse para limpiar el parque local. Ese momento me hizo reflexionar sobre cómo la comunicación efectiva puede cambiar comunidades y generar un impacto positivo.

Subtipos del poder comunicativo

En el poder comunicativo se pueden identificar cinco subtipos específicos: verbal, no verbal, escrito, digital y de masas. Aunque en la práctica suelen interrelacionarse, se pueden distinguir teóricamente. A continuación analizaremos brevemente cada uno de ellos:

1. **Poder comunicativo verbal:** se lleva a cabo a través del uso del lenguaje oral y es fundamental en la interacción diaria. Permite expresar ideas, opiniones y sentimientos de manera directa. Por ejemplo, el discurso de Nelson

32. Creada por Javier Olivares en 2015, *El Ministerio del Tiempo* se puede ver en RTVE Play, <https://www.rtve.es/play/videos/el-ministerio-del-tiempo/>.

Mandela al asumir la presidencia de Sudáfrica en 1994[33] utilizó el poder de la palabra para inspirar unidad en una nación dividida.

2. **Poder comunicativo no verbal:** se refiere a la transmisión de mensajes a través de gestos, expresiones faciales y lenguaje corporal. Manifestando emociones y actitudes, complementa y enriquece la comunicación. Por ejemplo, un candidato en una entrevista de trabajo que proyecta confianza mediante una postura abierta y un contacto visual adecuado puede influir significativamente en la percepción del entrevistador.
3. **Poder comunicativo escrito:** incluye la redacción de correos electrónicos, mensajes de texto, cartas e informes. Es en especial útil para transmitir información detallada y registrar acuerdos. El auge de los blogs y las publicaciones en redes sociales ha permitido que individuos como Greta Thunberg expresen sus opiniones sobre el cambio climático y crear un movimiento social global.[34]
4. **Poder comunicativo digital:** abarca el intercambio de información a través de plataformas en línea. Un ejemplo destacado es el de Ibai Llanos, que ha revolucionado el panorama digital con su carisma y contenido creativo en plataformas como Twitch y YouTube, logrando construir una marca personal poderosa y conectar con públicos de todo el mundo.
5. **Poder comunicativo de masas:** se refiere a la difusión de mensajes a un público amplio mediante medios como la televisión, la radio y los periódicos. Un ejemplo significativo en España es la campaña publicitaria de la «Lotería

33. Discurso disponible en Secretaria de Cultura, Ministerio de Capital Humano, <https://www.cultura.gob.ar/101-anos-del-nacimiento-de-nelson-mandela-9006/>.

34. Entrevista con Greta Thunberg en la BBC, «En la emergencia climática, ganar lentamente es lo mismo que perder», <https://www.bbc.com/mundo/noticias-internacional-63334136>.

de Navidad»,[35] que se ha convertido en un fenómeno cultural anual. Sus anuncios, que evocan esperanza, ilusión y unión familiar, se difunden a gran escala y alcanzan a millones de personas. Su impacto trasciende la simple venta de boletos, ya que se ha integrado en la cultura navideña española.

¿Cómo incrementar mi poder comunicativo?

Para incrementar tu poder comunicativo es esencial cultivar habilidades expresivas que te permitan influir de manera efectiva en las personas, instituciones y grupos sociales. Aquí te ofrecemos consejos útiles que puedes aplicar en tu vida diaria:

- **Desarrolla tu comunicación verbal:** practica la claridad y la concisión al hablar. Explora involucrarte en clubes de oratoria, como los organizados por el campeón de España, Fernando Miralles,[36] para ensayar tus discursos y recibir retroalimentación valiosa. Usa un lenguaje positivo y enérgico. Por ejemplo, en lugar de decir «no sé si esto funcionará», podrías reformularlo como «estudiemos cómo podríamos hacerlo funcionar».
- **Domina la comunicación no verbal:** tu lenguaje corporal puede potenciar o debilitar tu mensaje. Practica gestos abiertos y una postura erguida frente al espejo. Un buen ejercicio es hacer presentaciones a amigos o familiares y pedirles que te den *feedback* sobre tus expresiones faciales y movimientos.
- **Mejora tu comunicación escrita:** la escritura clara y persuasiva es crucial. Un ejercicio efectivo es escribir un diario para reflexionar sobre tus interacciones del día. Pide a al-

35. Cabo, Natalia, «Los 7 mejores anuncios de la Lotería de Navidad», *Todo TV*, <https://www.elplural.com/todo-tv/mejores-anuncios-loteria-navidad_229138102>.

36. Disponible en su web: <https://www.fermiralles.com>.

guien que revise tus correos electrónicos o informes y ofrezca sugerencias sobre la claridad del mensaje. Considera herramientas como LanguageTool para mejorar tu gramática y estilo.[37]

- **Aprovecha la comunicación digital:** familiarízate con plataformas digitales y redes sociales. Participa en webinarios o foros de discusión relacionados con tus intereses. Publicar contenido relevante en LinkedIn o Instagram puede ayudarte a construir una presencia comunicativa. Recuerda utilizar imágenes y vídeos atractivos para captar la atención.
- **Conecta emocionalmente:** utiliza la narración de historias cautivadoras para conectar con tu audiencia. Compartir anécdotas personales puede hacer que tu mensaje sea más inspirador y memorable. Practica contar relatos breves y significativos que reflejen tus puntos de vista.
- **Conoce el poder de la comunicación de masas:** estudia campañas exitosas de difusión masiva. Analiza cómo las empresas utilizan la narrativa y la emoción para conectar con el público. Reflexiona sobre una campaña que te haya impactado y considera qué elementos la hicieron efectiva. Por ejemplo, observa el programa This Girl Can[38] del gobierno británico, que buscaba empoderar a las mujeres a través del deporte. Esta iniciativa ilustra con potencia el poder de la comunicación para generar un cambio social positivo.
- **Conserva o defiende tu marco:** según George Lakoff en su obra *No pienses en un elefante*,[39] el marco o *frame* que eliges en tu comunicación afecta a cómo se perciben tus mensajes. Es crucial enmarcar adecuadamente los problemas y soluciones; por ejemplo, si eres un político, referirse a «reformas de bienestar social» en lugar de «recortes en

37. Disponible en su web: <https://www.languagetool.org/es>.

38. Disponible en la web de la iniciativa This Girl Can: <https://www.thisgirlcan.co.uk>.

39. Lakoff, George, *No pienses en un elefante*, traducción de Paula Aguiriano Aizpurúa, Ediciones Península, Barcelona, 2017, pp. 15-51.

servicios» sugiere una mejora positiva en vez de una pérdida. Al defender tu marco, asegúrate de que tus mensajes sean coherentes y considera cómo pueden ser interpretados por distintos públicos.

- **Autoevaluación continua:** reflexiona sobre tu estilo comunicativo. Pregúntate: «¿Qué *feedback* he recibido de mis interacciones recientes?» y «¿Qué áreas necesito mejorar?». Considera grabarte mientras hablas y revisarlo para identificar aspectos que perfeccionar.

Conclusión

El poder comunicativo es la fuerza que impulsa los movimientos sociales, las grandes empresas y las campañas políticas. Un líder que domina la comunicación, sabe persuadir, adapta su discurso al contexto y se conecta emocionalmente con su audiencia, posee la capacidad de cambiar el mundo. Al perfeccionar tu comunicación verbal, escrita, no verbal, digital y de masas, podrás influir de manera más efectiva en tu entorno. Cada interacción es una oportunidad para fortalecer tu habilidad de conectar y movilizar a otros. ¡Prepárate para ser escuchado; tienes el poder de atraer y transformar a través de tu comunicación!

4.4. Poder social

> Nunca dudes de que un pequeño grupo de personas pensantes y comprometidas puede cambiar el mundo; de hecho, es lo único que alguna vez lo ha hecho.
>
> Margaret Mead[40]

40. Esta cita se atribuye a Margaret Mead, aunque no está documentada en ninguna de sus obras específicas. A menudo es referenciada en el ámbito del activismo y el cambio social, y sus ideas sobre estos temas se encuentran en publicaciones como *Cultura y compromiso* (1970).

En este capítulo, aprenderás a construir relaciones sólidas y a utilizar el poder social para impactar en tu entorno y alcanzar tus objetivos. El poder social se define como la capacidad de personas, instituciones o Estados para influir en las dinámicas y relaciones de una sociedad a través de redes, normas, valores y comportamientos grupales. Este poder se ejerce mediante la creación de relaciones interpersonales, la participación activa en comunidades y la movilización de grupos en torno a causas o ideologías. Cuanto mayor sea tu habilidad para generar cohesión, establecer normas y promover cambios en el comportamiento colectivo, mayor será tu poder social. A continuación, analizaremos sus dos subtipos: el poder social cuantitativo y el poder social cualitativo.

Poder social cuantitativo

Este tipo de poder se basa en la cantidad de personas coordinadas hacia un objetivo común; cuanto mayor sea el número de participantes, mayor será la presión ejercida. Un ejemplo emblemático es la Revolución francesa (1789), en la que desafiando a la monarquía, las masas unidas demandaron libertad, igualdad y fraternidad. Otro ejemplo contemporáneo es el movimiento 15-M en España,[41] que movilizó a miles de personas para exigir cambios políticos y sociales. Asimismo, en el ámbito digital, la influencia social de un creador de contenido se mide a menudo por el número de seguidores, y es más impactante aquel con 95.000 que uno con 10.000.

Poder social cualitativo

Este poder se basa en la «calidad» o «importancia» de las personas involucradas. Por ejemplo, un emprendedor que se conecta con figuras de renombre como Elon Musk o Jeff Bezos puede tener un

41. Más información en <https://es.wikipedia.org/wiki/Movimiento_15-M>.

alto poder social cualitativo independientemente de la cantidad de contactos. Un ejemplo significativo es Antonio Guterres, secretario general de las Naciones Unidas.[42] Gracias a sus conexiones con líderes globales y su firme compromiso con el cambio climático y los derechos humanos, su influencia trasciende su cargo. Como defensor de la paz y la justicia social, Guterres demuestra cómo, a través de relaciones de calidad, es posible movilizar esfuerzos contundentes para generar un cambio real a nivel internacional.

Conexiones entre subtipos

Es importante reconocer que el poder social cuantitativo y cualitativo no son mutuamente excluyentes. Un gran número de personas (poder cuantitativo) puede trabajar junto a figuras influyentes (poder cualitativo) para maximizar su impacto. El movimiento antidesahucios en España es un claro ejemplo, miles de individuos se unieron para luchar contra la pérdida de vivienda bajo el liderazgo cualitativo de la PAH (Plataforma de Afectados por la Hipoteca),[43] que ofreció asesoramiento y movilizó la lucha, y concienció sobre la problemática y presionó al gobierno para que tomara medidas.

Consecuencias del poder social: luz y sombra

El ejercicio del poder social puede tener consecuencias tanto positivas como negativas. Positivamente, puede impulsar cambios necesarios, promover la inclusión y dar voz a grupos marginados, como los movimientos por los derechos civiles y la igualdad de género, donde la movilización colectiva ha logrado avances en políticas y actitudes. Sin embargo, también puede ser utilizado de manera destructiva, como en la manipulación de seguidores,

42. Véase la web de Naciones Unidas: <https://www.un.org/sg/es/content/sg/biography>.

43. Véase la web de la PAH: <https://afectadosporlahipoteca.com>.

evidenciado en el caso de Charles Manson. Su carisma atrajo a grupos de devotos que cometieron asesinatos brutales en 1969, mostrando cómo el poder social puede ser mal utilizado con resultados devastadores.

Consideración

El poder social, tanto en su dimensión masiva como selectiva, es una fuerza que configura las dinámicas comunitarias. En un mundo hiperconectado, nuestra capacidad de forjar relaciones numerosas y significativas no es sólo una herramienta de progreso personal, sino un imperativo para abordar desafíos colectivos complejos y promover un cambio profundo y duradero en el tejido de la sociedad.

¿Cómo incrementar mi poder social cuantitativo?

Incrementar tu poder social cuantitativo implica sumar más personas a tus objetivos o causas. Aquí hay algunas estrategias efectivas:

- **Construir una red sólida:** asiste a eventos como ferias de empleo, conferencias sobre sostenibilidad o encuentros comunitarios. Por ejemplo, un emprendedor que acude a una conferencia sobre energías renovables puede establecer contactos con otros participantes y fundaciones que apoyen proyectos ecológicos.
- **Colaborar con otros:** forma alianzas con organizaciones locales. Un buen ejemplo es un grupo defensor de los derechos humanos que podría colaborar con las ONG de salud para abordar necesidades integrales en comunidades vulnerables, lo que atrae a seguidores de ambas causas.
- **Organizar eventos o campañas:** planifica un festival cultural en tu comunidad, donde las familias puedan compartir tradiciones, comidas típicas y actividades artísticas. Este

tipo de eventos no sólo generan conciencia sobre la diversidad cultural, sino que también fortalecen el sentido de comunidad.

- **Usar las redes sociales:** crea una campaña en Instagram usando una etiqueta atractiva relacionada con tu causa. Un ejemplo contemporáneo es #TrashTag,[44] que ha ganado popularidad al unir a voluntarios de todo el mundo en la limpieza de espacios públicos, mostró impresionantes transformaciones antes y después y logró un impacto positivo en la conciencia ambiental.
- **Comunicación clara y persuasiva:** crea un vídeo en el que expliques tu causa y comparte historias personales. Un testimonio conmovedor puede resonar y motivar a más personas a unirse a tu propósito, como lo hizo el viral vídeo de Dolly Parton sobre la importancia de la lectura.[45]
- **Utilizar medios de comunicación:** escribe un artículo sobre tu causa y envíalo a un periódico local. Participar en programas de radio o pódcast puede ayudar a llegar a un público más amplio, como hace el chef y activista español José Andrés, que utiliza estos medios para hablar sobre la importancia de la ayuda humanitaria y la intervención rápida en desastres naturales a través de su organización World Central Kitchen.[46]

¿Cómo incrementar mi poder social cualitativo?

Para potenciar tu poder social cualitativo es esencial enfocarte en la calidad de tus conexiones y en el valor que aportas a las relaciones. Aquí hay algunas estrategias efectivas:

44. Véase <https://www.fundacionaquae.org/wiki/trashtag-un-desafio-viral-en-busca-de-un-mundo-mas-limpio/>.

45. Véase <https://www.lavanguardia.com/vida/20240828/9895886/dolly-parton-honra-padre-analfabeto-fomentando-lectura-infantil-paises-agenciaslv20240828.html>.

46. Véase la web de World Central Kitchen: <https://wck.org/es-es>.

- **Desarrolla habilidades interpersonales:** mejora tus habilidades de comunicación y escucha activa. La empatía y la capacidad de conectar son fundamentales para aumentar tu influencia. Un ejemplo es Cristina Pardo, periodista destacada por su capacidad para construir relaciones sólidas mediante la comprensión y la atención reflexiva en su programa «Más vale tarde».[47] Su profesionalismo se refuerza con su amplio conocimiento y sinceridad al abordar temas controvertidos.
- **Identifica y cultiva relaciones clave:** enfócate en establecer vínculos con personas influyentes en tu campo. Investiga y selecciona a aquellos que tienen un impacto significativo, como hace Bill Gates en el ámbito de la filantropía, y busca oportunidades para interactuar con ellos.
- **Ofrece valor:** contribuye a las comunidades y redes a las que perteneces. Comparte tus conocimientos y muestra interés genuino por los proyectos de los demás, como lo hace Oprah Winfrey, quien es conocida por su apoyo a otros a través de mentoría.
- **Construye tu marca personal:** cuida cómo te presentas, tanto en línea como en persona. Pau Gasol ha definido su marca personal a través de su éxito en el baloncesto y su compromiso social, lo que le ayuda a conectar con personas influyentes y colaborar con importantes organizaciones a escala mundial.
- **Cultiva la diversidad en tu red:** busca relaciones con personas de diferentes sectores. La pluralidad enriquecerá tu perspectiva y te abrirá a nuevas oportunidades, como demuestran iniciativas que promueven el *networking* diverso.
- **Participa en eventos de alto nivel:** asiste a conferencias y seminarios en los que puedas conocer a líderes de opinión. Por ejemplo, eventos como el World Economic Forum[48] son ideales para establecer conexiones significativas.

47. «Más vale tarde», 2012, La Sexta, <https://www.lasexta.com/programas/mas-vale-tarde/>.

48. Véase la web del World Economic Forum: <https://www.weforum.org>.

Conclusión

El poder social, tanto cuantitativo como cualitativo, es fundamental para generar cambios e influir en tu comunidad. La movilización de grupos y la conexión con figuras influyentes son esenciales para promover causas y lograr una transformación significativa. Al mejorar nuestra capacidad de conectar y movilizar, no sólo impactamos en nuestro entorno inmediato, sino que también contribuimos a progresos más amplios y duraderos en el mundo. ¿Estás preparado para construir relaciones sólidas y convertirte en un verdadero agente de cambio en nuestra sociedad?

4.5. Poder institucional

> El poder no reside en la fuerza, sino en la legitimidad del orden que se establece.
>
> MAX WEBER[49]

¡Influye en el sistema! En este apartado, analizaremos cómo aprovechar el poder institucional para alcanzar tus metas y generar un impacto positivo en la sociedad. Dicho poder se define como la capacidad de personas, instituciones y Estados para influir en otros, ya sea a nivel individual, organizacional o estatal, utilizando las estructuras, recursos y normas que las instituciones ofrecen. Para ejercer esta clase de poder es fundamental formar parte de una institución y apoyarse en su base de control, ya que esta influencia está intrínsecamente ligada a la legitimidad y autoridad que las instituciones proporcionan. Sin una institución formal no es posible ejercer este tipo de poder.

49. La frase refleja las ideas de Max Weber sobre la autoridad y el poder, pero no se encuentra textualmente en una obra específica. Sin embargo, este concepto se desarrolla en su obra *Economía y sociedad* (*Wirtschaft und Gesellschaft*), en la que analiza la naturaleza del poder y la legitimidad en las estructuras sociales y políticas.

Aspectos clave del poder institucional

- **Legitimidad:** la autoridad de las instituciones proviene de su reconocimiento social, de la percepción de responsabilidad y del cumplimiento de normas legales, éticas y culturales que validan su papel dentro de la sociedad. Por ejemplo, un partido político que ha sido elegido democráticamente tiene legitimidad para ejercer poder en las políticas públicas.
- **Estructura organizativa:** el poder institucional se basa en jerarquías y roles definidos en una organización. Por ejemplo, un director de empresa tiene el poder de tomar decisiones estratégicas que afectan a todos los empleados. Un caso histórico relevante es el de la Organización Mundial de la Salud (OMS), en la que la jerarquía y los roles especializados permiten una respuesta coordinada ante crisis sanitarias.
- **Recursos:** las instituciones disponen de recursos diversos, como financiamiento y capital humano. Un banco nacional, por ejemplo, tiene el poder de influir en la economía al decidir a quién otorgar créditos, mientras que una organización sin fines de lucro puede afectar a la comunidad al proporcionar servicios esenciales a poblaciones vulnerables.
- **Normas y regulaciones:** el poder institucional se manifiesta a través de políticas y normas. Por ejemplo, las leyes establecidas por un gobierno determinan cómo deben comportarse los ciudadanos y las empresas. Un caso notable es la Regulación de Protección de Datos en Europa (GDPR, por sus siglas en inglés),[50] que establece normas estrictas sobre la privacidad de la información.
- **Interacción con otros actores:** el poder institucional no opera de forma aislada. Por ejemplo, una ONG puede influir en las políticas de un gobierno mediante la

50. Véase la web de la Comisión Europea, «Legal framework of EU data protection», <https://gdpr.eu/what-is-gdpr/>.

presión social, como hizo Greenpeace al movilizar a la opinión pública contra la contaminación en ríos y océanos.[51]

- **Impacto en la sociedad:** el poder institucional puede tener efectos constructivos o destructivos. Un caso positivo sería una institución educativa que promueve la inclusión y diversidad, mientras que un ejemplo negativo sería una agencia gubernamental que utiliza su autoridad para suprimir la libertad de expresión y silenciar a los disidentes. Max Weber nos recuerda que actuando con ética y racionalidad, este poder debe estar estructurado para servir al bien común;[52] sin esta estructura, las instituciones pueden desviarse de sus objetivos, distorsionar la verdad y alejarse de su misión de servicio a la sociedad.

Se pueden identificar dos subtipos de poder institucional: interno y externo.

Poder institucional interno

El poder institucional interno se ejerce dentro de la estructura jerárquica de una organización, donde las decisiones fluyen de superiores a subordinados. Un director que da instrucciones o decide despidos aplica este poder; las fuerzas armadas españolas, con su rigurosa cadena de mando, también son un claro ejemplo.

Poder institucional externo

Se ejerce desde dentro hacia fuera, como el que despliegan personas de una institución sobre otros individuos, instituciones o

51. Véase la web de Greenpeace, «Contaminación del agua», <https://es.greenpeace.org/es/trabajamos-en/agua/contaminacion-del-agua/>.

52. Weber, Max, *Sociología del poder*, *op. cit.*, pp. 83-101.

Estados externos. Su magnitud depende de la fortaleza de la institución en términos económicos, tecnológicos y de reputación. Un ejemplo relevante es el Real Madrid CF, que utiliza su liderazgo y marca global para influir en patrocinios, acuerdos comerciales y tendencias deportivas internacionales. Otro caso son las sanciones impuestas por la Unión Europea a países que violan derechos humanos, mostrando cómo el poder institucional puede ejercer presión a nivel mundial.

Conexión entre tipos de poder

Ambos tipos de poder institucional interactúan en la práctica. Una sólida estructura interna puede facilitar la influencia externa, mientras que el reconocimiento y la reputación de la institución en el exterior pueden reforzar el poder interno. Por ejemplo, una universidad con excelentes alumnos y profesores internos puede atraer fondos y colaboraciones externas, mejorando su influencia en el ámbito académico y social.

¿Cómo incrementar mi poder institucional interno?

Para aumentar tu poder institucional interno es esencial formar parte de una institución. Aquí encontrarás algunas estrategias efectivas:

- **Establece una visión clara:** comunica tus objetivos a tus superiores y colegas. Tener una visión bien definida te posicionará como una persona comprometida, lo que puede traducirse en más opciones para mejorar tu estatus.
- **Desarrolla tus habilidades y busca oportunidades de crecimiento:** aprovecha eventos de aprendizaje como cursos en línea, talleres o certificaciones específicas. Esto aumentará tu competencia y visibilidad. Identifica roles que te permitan ascender en la jerarquía y postúlate para ellos.

- **Construye relaciones sólidas:** establecer conexiones con colegas y superiores es fundamental. Un ejemplo es el de un empleado que asiste a eventos de *networking* internos, y fortalece así la colaboración y el intercambio de ideas.
- **Sé proactivo:** toma la iniciativa en proyectos y en la resolución de problemas. Amancio Ortega, fundador de Inditex, ejemplifica el liderazgo innovador al revolucionar el sector textil con un modelo que prioriza la rápida adaptación a las tendencias.
- **Involúcrate en la cultura organizacional:** comprender y alinearte con los valores de la institución te ayudará a integrarte mejor. Participar en actividades de voluntariado corporativo es un ejemplo de cómo hacerlo.
- **Busca mentores:** un guía experimentado puede ofrecerte orientación, ayudarte a navegar en la jerarquía y a identificar áreas para tu crecimiento, abriéndote puertas a nuevas oportunidades.

¿Cómo incrementar mi poder institucional externo?

Para incrementar tu poder institucional externo es fundamental formar parte de una institución y ejercer influencias hacia el exterior. Aquí tienes algunas estrategias efectivas:

- **Fortalece la reputación de tu institución:** participa en iniciativas que mejoren su imagen pública. Por ejemplo, empresas que apoyan la sostenibilidad y se involucran en causas sociales suelen atraer un mayor respaldo público.
- **Establece alianzas estratégicas:** colabora con organizaciones que complementen tus objetivos. Las alianzas entre ONG y gobiernos locales pueden amplificar el impacto de iniciativas sociales.
- **Demuestra resultados tangibles:** publica informes que evidencien el impacto positivo de tus acciones. La trans-

parencia y los resultados medibles fortalecen la credibilidad, como lo hace el Programa de las Naciones Unidas para el Desarrollo (PNUD) al presentar sus logros anuales en desarrollo sostenible.[53]

- **Desarrolla una estrategia de comunicación efectiva:** utiliza medios de comunicación para difundir los logros de tu institución. Una narrativa clara puede aumentar tu visibilidad y apoyo, como lo hace el Centro de Investigación Pew al informar sobre temas de interés público.[54]
- **Aprovecha la tecnología:** invertir en tecnología puede mejorar la capacidad de tu institución para operar. Un buen ejemplo es la digitalización en la educación, como el uso de plataformas de aprendizaje online.
- **Monitorea y adapta tu enfoque:** presta atención a las respuestas del entorno ante tus acciones y ajusta tus estrategias. Estar atento a las tendencias es esencial para mantener y aumentar tu influencia.

Conclusión

Para ejercer poder institucional, tanto interno como externo, es crucial enfocarse en desarrollar habilidades relevantes y construir relaciones sólidas en la organización. A nivel interno, comunica una visión clara y asume roles que te posicionen como un líder. Externamente, refuerza la reputación social de tu institución mediante alianzas estratégicas y transparencia en las acciones. Al integrar estas iniciativas, no sólo maximizarás tu influencia, sino que también contribuirás al bienestar colectivo y a la legitimidad del poder institucional en la sociedad. ¡Atrévete a liderar tu entorno institucional!

53. Véase <https://www.undp.org/es/resultados>.
54. Véase <https://www.pewresearch.org>.

4.6. Poder económico

> El poder económico no es sólo el poder de comprar, sino también el poder de influir.
>
> JOHN KENNETH GALBRAITH[55]

El poder económico es más que una simple herramienta; es la llave que abre las puertas a un futuro repleto de oportunidades. Se define como la capacidad de personas, instituciones y Estados para influir a través del dinero y los recursos materiales. Cuanta más liquidez y capital tengas, mayor será tu facultad para adquirir bienes, servicios y realizar inversiones. Así, al potenciar tus finanzas, podrás alcanzar tus objetivos y aumentar tu poder económico. En este capítulo, aprenderás cómo lograrlo.

Observa a tu alrededor: ¿te sientes atraído por el lujo que representan las casas, coches y pertenencias de los millonarios? Estas personas, a través de sus posesiones, ejercen un poder económico que genera admiración y a veces envidia en quienes las observan. Cuando alguien busca impresionar con su ropa cara o su automóvil, el mensaje subyacente es claro: intentan ejercer poder sobre los demás. Esta dinámica de poder se utiliza en la publicidad, en la que se aplican imágenes de riqueza para atraer a los consumidores. Reconocer esta influencia del poder económico en nuestras percepciones es fundamental para comprender su magnitud en nuestra sociedad.

Una empresa con abundantes recursos financieros puede invertir en tecnología de vanguardia, aumentar su producción y dominar el mercado. Un caso emblemático es el de Standard Oil,[56] que controló gran parte del mercado petrolero en Estados

55. Kenneth Galbraith, John, *La sociedad opulenta*, Ariel, Barcelona, 2008, pp. 41-52.

56. Sadurní, J. M., «John Davison Rockefeller, el rey del petróleo», *Historia National Geographic*, <https://historia.nationalgeographic.com.es/a/john-davison-rockefeller-rey-petroleo_16955#>.

Unidos en la década de 1980, e influyó no sólo en la economía, sino también en la política. Sin embargo, el poder económico también deriva de la capacidad de ofrecer bienes o servicios, y el valor de mercado determina la fuerza del poder ejercido. Empresas como Amazon o Google no sólo impactan en el comportamiento de los consumidores, sino que también moldean políticas públicas a través de tácticas de *lobby*.[57] Facebook, por su parte, ha recibido críticas por su influencia en elecciones y en la difusión de información, un claro ejemplo de su potente alcance.

Las donaciones de grandes empresas a causas sociales, como las contribuciones de la Fundación Bill y Melinda Gates a la salud global, pueden generar cambios positivos.[58] Sin embargo, la concentración de riqueza genera preocupación, ya que tiene el potencial de aumentar las desigualdades sociales y afectar a la democracia. Es vital tener en cuenta la responsabilidad ética en el ejercicio del poder económico, pues las decisiones tomadas en este ámbito pueden tener repercusiones tanto inmediatas como a largo plazo en la sociedad y en el bienestar general.

Subtipos de poder económico

1. **Poder económico directo:** se ejerce a través de la propiedad y el control directo de recursos. Por ejemplo, un empresario que posee una gran empresa tiene la capacidad de influir en el mercado y en el empleo local. Un caso significativo es el de Elon Musk con Tesla, que ha transformado la industria automotriz.[59]

57. Las tácticas de *lobby* son utilizadas por grupos de interés para influir en decisiones legislativas a través de reuniones y campañas de concienciación. Aunque comunes en democracias, son criticadas por favorecer intereses económicos sobre el bienestar público, lo que subraya la necesidad de transparencia.

58. Galán Feced, Carlos, «La influencia de Bill Gates en las decisiones sobre la salud mundial: así se financia la OMS», *Business Insider*, <https://www.businessinsider.es/oms-depende-bill-gates-influencia-filantropia-1196708>.

59. Sherman, Natalie, «Cómo logró Tesla convertirse en la segunda empresa automotriz del mundo», *BBC News Mundo*, <https://www.bbc.com/

2. **Poder económico indirecto:** se manifiesta a través de inversiones, préstamos o influencia sobre políticas económicas. Un banco que decide otorgar créditos puede influir en la capacidad de crecimiento de una empresa o sector,[60] como lo hizo el Banco de Inglaterra durante la crisis financiera de 2008.
3. **Poder económico global:** se refiere a la influencia que tienen grandes corporaciones o Estados sobre la economía mundial. Empresas multinacionales pueden influir en políticas comerciales y regulaciones en todo el planeta, y afectar a las economías locales. Un ejemplo contemporáneo es el impacto de Walmart en la cadena de suministro global y las políticas laborales.[61]

¿Cómo incrementar mi poder económico?

Incrementar nuestro poder económico implica estudiar diversas vías que nos permitan generar ingresos y acumular recursos. A continuación, se presentan varias estrategias efectivas para fortalecer nuestra posición económica:

1. **Trabajo por cuenta ajena:** conseguir un empleo en diversas industrias proporciona estabilidad financiera. Busca oportunidades de crecimiento y capacitación en tu puesto.
2. **Emprendimiento:** crear y gestionar un negocio propio puede ser muy rentable. Investiga tu mercado y comienza con un plan de negocios sólido. Por ejemplo, antes de crear Amazon, Jeff Bezos empezó vendiendo libros en línea.

---

mundo/noticias-51386303>.

60. Molyneux, Phil, «La crisis bancaria del Reino Unido», Bangor University, FUNCAS, Reino Unido, <https://www.funcas.es/wp-content/uploads/Migracion/Articulos/FUNCAS_PEE/122art10.pdf>.

61. «Globalización: cómo el efecto Walmart está dando forma a la economía mundial», *Faster Capital*, <https://fastercapital.com/es/contenido/Globalizacion--como-el-efecto-Walmart-esta-dando-forma-a-la-economia-mundial.html>.

3. **Inversiones:** colocar dinero en activos financieros o bienes raíces puede generar ingresos pasivos. Considera aprender sobre inversión a través de cursos o libros.
4. **Alquiler:** arrendar propiedades o bienes te permite obtener ingresos recurrentes. Investiga el mercado local para maximizar tus oportunidades.
5. ***Freelancing*:** ofrecer servicios de manera independiente te permite tener control sobre tus ingresos. Usa plataformas como Upwork o Fiverr para encontrar clientes.
6. **Comercio electrónico:** vender productos a través de tiendas en línea es una excelente forma de alcanzar un público más amplio. Considera usar Shopify o Etsy para empezar.
7. **Consultoría:** si tienes experiencia en un área específica, ofrecer asesoría profesional puede ser muy lucrativo. Construye una red de contactos para conseguir clientes.
8. **Educación y formación:** ofrecer clases o talleres en línea es una manera de monetizar tus habilidades. Plataformas como Teachable o Udemy pueden ayudarte a comenzar.
9. **Creación de contenido:** generar contenido en plataformas digitales puede ser monetizado. Aprende sobre SEO y marketing digital para aumentar tu público.
10. **Economía colaborativa:** participar en plataformas como Uber o Airbnb puede proporcionar ingresos adicionales. Aprovecha tus recursos disponibles.
11. **Servicios profesionales:** realizar trabajos especializados puede resultar en altos ingresos. Asegúrate de tener un portafolio sólido para atraer clientes.
12. **Venta de productos:** comercializar bienes, nuevos o usados, en línea o en tiendas físicas, es una forma clásica de generar ingresos. Investiga las tendencias del mercado.
13. **Inversión en *start-ups*:** participar en empresas emergentes puede ofrecer grandes recompensas. Investiga las *start-ups* a través de plataformas como Seedrs.[62]

62. Véase Seedrs: <https://www.capboard.io/es/investor/seedrs>.

14. **Franquicias:** adquirir un negocio bajo una marca establecida permite beneficiarte de un modelo probado. Considera las franquicias que se alinean con tus intereses.
15. **Patentes y derechos de autor:** ganar dinero mediante la concesión de licencias por inventos puede ser muy lucrativo. Consulta a un abogado especializado para proteger tus creaciones.
16. ***Crowdfunding*:** invertir o recaudar fondos a través de plataformas de financiación colectiva puede abrir oportunidades innovadoras. Investiga proyectos en Kickstarter o Indiegogo.
17. **Microtrabajos:** realizar tareas pequeñas a través de plataformas especializadas permite obtener ingresos flexibles. Busca en sitios como Amazon Mechanical Turk.
18. **Investigación de mercado:** participar en estudios pagados puede ser una fuente de ingresos adicional. Regístrate en plataformas que ofrezcan estas oportunidades.
19. **Venta de fotografías o arte:** comercializar tus obras en línea es una excelente forma de monetizar tu creatividad. Usa plataformas como Shutterstock o Etsy.
20. **Organización de eventos:** planificar y gestionar eventos puede generar ingresos. Considera ofrecer paquetes que incluyan servicios adicionales.
21. **Marketing de afiliados:** promocionar productos de otras empresas puede ser una forma pasiva de obtener ingresos. Investiga programas de afiliación que se alineen con tu nicho.
22. **Desarrollo de aplicaciones:** crear y vender software puede ser altamente rentable. Aprende sobre programación y diseño de aplicaciones.
23. **Asesoría financiera:** brindar orientación en inversiones puede ser valioso para ti y tus clientes. Asegúrate de tener las credenciales necesarias.
24. **Reventa:** comprar productos a precios bajos y venderlos a un precio más alto es una estrategia clásica. Investiga sobre productos populares y su demanda.

25. **Suministro de productos a negocios:** proveer bienes o servicios a empresas puede generar contratos significativos. Construye relaciones sólidas con tus clientes.
26. **Actividades recreativas:** organizar excursiones o talleres puede atraer a diferentes públicos. Considera diversificar las actividades que ofreces.
27. **Entrenamiento personal:** brindar servicios de *fitness* es una forma de capitalizar tus habilidades. Crea un programa que se adapte a las necesidades de tus clientes.
28. **Cuidado de mascotas o tareas de niñeros/as:** proporcionar servicios de cuidado en el hogar puede ser una fuente de ingresos confiable. Considera las certificaciones que añadan valor a tus servicios.
29. **Alquiler de espacios:** arrendar espacios para eventos es una excelente forma de monetizar propiedades subutilizadas. Investiga sobre la demanda en tu área.
30. **Participación en concursos:** ganar premios en competiciones puede ser divertido y lucrativo. Investiga certámenes en áreas que te interesen.

Conclusión

El poder económico es un motor clave en el mundo actual, impulsa la globalización, las decisiones políticas y las dinámicas sociales. Dominarlo requiere aprendizaje continuo y búsqueda de oportunidades. Estudia distintas vías para generar ganancias y fortalecer tu posición financiera, desde el empleo hasta el emprendimiento, las inversiones y la creación de contenido. La clave es diversificar tus ingresos y alinear tus estrategias con tus habilidades e intereses. Incrementar tu economía y mejorar tu calidad de vida está a tu alcance. ¡Abre nuevas puertas y desarrolla una estrategia financiera para alcanzar tus metas!

4.7. Poder político

> En la democracia, la gente no siempre tiene razón, pero siempre tiene la oportunidad de hacer lo correcto.
>
> THOMAS JEFFERSON[63]

El poder político impacta en decisiones cruciales, desde la construcción de hospitales y la regulación de impuestos hasta la declaración de guerras, afectando a la vida de todos. Principalmente se ejerce a través de políticos y funcionarios, que forman parte de las estructuras del Estado. Sin embargo, los ciudadanos también tienen la oportunidad de influir en la política mediante su voto. En este apartado, descubrirás cómo opera el poder político y cómo puedes aprovecharlo para construir un futuro mejor.

Dado que el poder político se ejerce a través de las estructuras institucionales del Estado, es importante definir qué entendemos por Estado. Un Estado es una organización política soberana constituida por instituciones, población y cultura, localizada en un territorio delimitado por fronteras y gobernada por leyes, generalmente redactadas en una constitución.

Para estudiar el poder político, nos apoyamos en la obra *Primer ensayo sobre las categorías de las ciencias políticas*, de Gustavo Bueno.[64] En ella se identifican tres capas que forman el Estado: basal, conjuntiva y cortical, y en cada una de ellas, Bueno destaca que se ejercen diferentes tipos de poder.

63. De forma literal, esta frase no se encuentra en ninguna obra conocida de Thomas Jefferson. Es una interpretación moderna de sus pensamientos sobre la democracia, reflejados en su Declaración de Independencia (1776) y otros escritos sobre principios democráticos y el gobierno.

64. Bueno, Gustavo, *Primer ensayo sobre las categorías de las ciencias políticas*, Pentalfa Ediciones, Oviedo, 1991, pp. 305-355.

Capa basal

La capa basal representa la base productora del Estado, incluye todo el territorio delimitado por fronteras. Está compuesta por instituciones productoras y relaciones sociales de producción. En esta capa se ejercen tres tipos de poder:

- **Poder gestor:** moviliza y canaliza las fuerzas de trabajo para la explotación de recursos, optimizando su uso en la agricultura, energía y más. Un ejemplo contemporáneo es el uso de políticas agrícolas en países como Vietnam, que han transformado su economía rural.[65]
- **Poder planificador:** establece planes, programas y proyectos del Estado, como iniciativas en educación y salud, así como la aprobación de obras públicas. Un ejemplo significativo es el Plan Nacional de Desarrollo en México, que busca impulsar el crecimiento económico y social del país.[66]
- **Poder redistribuidor:** impone impuestos y redistribuye recursos para financiar proyectos públicos, esencial para el funcionamiento del Estado. El caso de Suecia, con su modelo de bienestar social y altas cargas fiscales, ilustra cómo la redistribución puede reducir la desigualdad.[67]

65. «Economía agrícola afirma el rol de soporte fundamental en Vietnam», Vietnam+, Economía, <https://es.vietnamplus.vn/economia-agricola-afirma-el-rol-de-soporte-fundamental-en-vietnam-post152247.vnp>.

66. SEGOB, *Diario Oficial de la Federación*, Plan Nacional de Desarrollo 2019-2024, <https://www.dof.gob.mx/nota_detalle.php?codigo=5565599&fecha=12/07/2019#gsc.tab=0>.

67. Sánchez de Dios, Manuel, *El modelo sueco de estado de bienestar*, Universidad Complutense de Madrid, <https://www.ucm.es/data/cont/docs/862-2014-04-09-REP-147.pdf>.

Capa conjuntiva

La capa conjuntiva incluye a los ciudadanos y las instituciones sociales, como colegios y hospitales. En esta capa, se ejercen tres tipos de poder:

- **Poder ejecutivo:** permite la acción sobre ciudadanos y bienes, asegurando el cumplimiento de leyes a través de la intervención de la policía y el ejército. La gestión de la crisis migratoria en España ejemplifica cómo actúa el poder ejecutivo en situaciones complejas. La coordinación de la seguridad, las políticas de asilo y la gestión de recursos para atender a los inmigrantes demuestran el papel de este poder en la aplicación de la ley.
- **Poder legislativo:** crea leyes y administra el presupuesto del Estado, estableciendo normas para las relaciones entre individuos y grupos. La aprobación del matrimonio igualitario en varios países muestra cómo el poder legislativo puede impulsar cambios sociales significativos.
- **Poder judicial:** imparte justicia mediante la interpretación y aplicación de las leyes, resolviendo conflictos y clasificando a los ciudadanos. Por ejemplo, en España, un juicio por despido improcedente demuestra cómo los tribunales laborales dirimen disputas entre empleados y empresas, garantizando el respeto de los derechos de los trabajadores y del orden social.

Capa cortical

La capa cortical abarca las relaciones del Estado con otros Estados. Aquí se ejercen tres tipos de poder:

- **Poder militar:** capacidad del ejército para proteger al Estado del exterior o enfrentar guerras. Un caso histórico relevante es la Guerra Fría, en la que el poder militar de Estados Unidos y la Unión Soviética definió las relaciones internacionales.

- **Poder federativo:** establece relaciones normativas con sociedades extranjeras, como tratados comerciales. El Tratado de Libre Comercio de América del Norte (TLCAN) es un claro ejemplo de cómo los acuerdos federativos pueden impactar en economías locales.[69]
- **Poder diplomático:** evalúa y determina relaciones con otros países, incluyendo la declaración de guerra o paz. La diplomacia de China en el siglo XXI ha reconfigurado las relaciones internacionales, mostrando el poder político en acción a escala global.

En resumen, el poder político se estructura en tres capas del Estado: basal, conjuntiva y cortical. Cada una de estas capas abarca tres formas distintas de poder. Para que esta información sea más clara y fácil de entender, se presenta una tabla simplificada (tabla 4.1), inspirada en la obra de Bueno.[70]

Tabla 4.1. Tipos de poderes políticos

CAPAS DEL ESTADO	PODERES POLÍTICOS		
BASAL	Poder gestor	Poder planificador	Poder redistribuidor
CONJUNTIVA	Poder ejecutivo	Poder legislativo	Poder judicial
CORTICAL	Poder militar	Poder federativo	Poder diplomático

Fuente: Elaboración propia.

69. Cabrera, Sergio, «Las reformas en México y el TLCAN», *Problemas del Desarrollo. Revista Latinoamericana de Economía*, vol. 46, n.º 180, pp. 77-101, <https://www.elsevier.es/es-revista-problemas-del-desarrollo-revista-latinoamericana-86-articulo-las-reformas-mexico-el-tlcan-S0301703615721206>.

70. Bueno, Gustavo, *Primer ensayo sobre las categorías de las ciencias políticas, op. cit.*, p. 324.

¿Cómo incrementar mi poder político?

Para incrementar tu poder político, es fundamental entender que los funcionarios del Estado que desempeñan roles en los diversos puestos públicos (como concejales, alcaldes, ministros, presidentes, jueces, etcétera) ejercen este poder en distintas medidas. Acceder a estas posiciones es clave, dado que dejando al margen el voto ciudadano, el poder político se ejerce una vez que una persona se sitúa en un puesto de responsabilidad en las estructuras estatales.

1. **Formación y capacitación:** educarte en áreas relevantes, como ciencias políticas, derecho o administración pública te proporcionará herramientas para comprender mejor el funcionamiento del Estado y perfeccionar tus habilidades de liderazgo y negociación.
2. **Ingreso en puestos del Estado:** participa activamente en el sistema político y busca oportunidades de empleo en instituciones públicas.
3. **Afiliación a partidos políticos:** en las democracias occidentales, la manera más directa de obtener poder político es acercarse y afiliarse a partidos, o incluso fundar uno propio. Los partidos son fundamentales en la política contemporánea; no hay poder político significativo que no esté vinculado a un partido. Ejemplos como el partido *Die Grünen* (Los Verdes) en Alemania muestran cómo nuevas fuerzas políticas pueden surgir y ganar poder.[71]
4. **Construcción de influencia:** una vez vinculado a un partido, desempeña funciones activas, gana influencia interna y establece alianzas con otros miembros e instituciones. Participa en comités y contribuye en decisiones estratégicas.

71. Biosca Azcoiti, Javier, «Alemania, el motor de la nueva ola verde que empieza a llegar a España», *elDiario.es*, <https://www.eldiario.es/internacional/alemania-motor-nueva-ola-verde-empieza-llegar-espana_1_7934171.html>.

5. ***Networking* y relaciones:** establece relaciones con otros actores políticos y sociales. El *networking* es clave; conocer a las personas adecuadas puede abrirte puertas y ofrecerte oportunidades valiosas.
6. **Apoyo popular:** conseguir el máximo apoyo popular es esencial. Usa una comunicación efectiva, participa en eventos comunitarios y ten una fuerte presencia pública. El expolítico Albert Rivera ejemplifica cómo una comunicación efectiva, combinada con un estilo de liderazgo moderado, puede movilizar a miles de personas en torno a una causa. Su capacidad para conectar con la audiencia a través de un discurso directo fue clave en su éxito político.
7. **Participación en procesos electorales:** si aspiras a un cargo específico, involúcrate en procesos electorales, ya sea como candidato o apoyando a otros. Esto te permitirá ganar experiencia y aumentar tu visibilidad en el ámbito político.

Ejemplo práctico: considera el caso de un joven político que comenzó como voluntario en su partido local. A través de su dedicación, logró posiciones en la estructura del partido, organizó eventos y creó redes con otros miembros. Con el tiempo, aprovechando su influencia y apoyo comunitario, se convirtió en candidato a un cargo en su municipio. Un caso real es el de Alexandria Ocasio-Cortez,[72] que ganó notoriedad en el sistema político estadounidense tras una campaña basada en el *grassroots*.[73]

72. «Alexandria Ocasio-Cortez, la socialista latina que se convirtió en la mujer más joven de la historia en ser elegida para el Congreso», *BBC News Mundo*, <https://www.bbc.com/mundo/noticias-internacional-44636214>.

73. Los movimientos *grassroots* son iniciativas surgidas de comunidades locales donde ciudadanos organizan esfuerzos para generar un cambio social y político, influyendo desde abajo hacia arriba en la toma de decisiones.

Conclusión

El poder político se ejerce a través de las capas del Estado: basal, conjuntiva y cortical, y se manifiesta en subtipos como el poder ejecutivo, legislativo y diplomático. Para aumentar tu poder político es crucial participar activamente en procesos democráticos, afiliarte a partidos políticos y forjar alianzas estratégicas. Además, la formación continua y el establecimiento de redes de influencia son fundamentales. Un enfoque estratégico bien implementado no sólo te permitirá influir en el entorno político, sino también liderar cambios significativos en la sociedad. ¡Actúa, participa y crea alianzas, y los resultados llegarán!

4.8. Poder estratégico

> La estrategia es el arte de hacer lo correcto en el momento adecuado.
>
> SUN TZU[74]

¡Empodérate a través de la estrategia! En este capítulo descubrirás cómo diseñar planes efectivos, tomar decisiones inteligentes y convertirte en el arquitecto de tu propio destino. La estrategia es el arte de delinear un camino claro hacia un objetivo deseado, maximizando la eficiencia en el uso de recursos y anticipando los posibles obstáculos en el camino. Es un proceso dinámico que fusiona una planificación meticulosa con la flexibilidad necesaria para adaptarse a circunstancias cambiantes y aprovechar oportunidades emergentes.

El poder estratégico, o el «poder del ajedrez», es versátil y se aplica en múltiples ámbitos (sociales, empresariales, políticos,

74. Esta frase no es literal en *El arte de la guerra* de Sun Tzu, pero refleja su énfasis en la evaluación precisa del momento y la adaptación, principios que se exploran en el capítulo I, «Estimaciones, reconocimiento, planes, apreciación de la situación».

culturales y militares). Si bien es difícil definirlo con precisión, es posible encontrar principios generales que lo caracterizan, como los analizados por Robert Greene en *Las 48 leyes del poder*, Sun Tzu en *El arte de la guerra* o Maquiavelo en *El príncipe*.[75]

El poder estratégico se asocia a la inteligencia y capacidad de anticipar movimientos, evaluar riesgos y aprovechar oportunidades. Por ejemplo, una empresa que lanza un producto innovador antes que sus competidores, puede obtener una ventaja significativa en el mercado. El lanzamiento del iPhone por Apple en 2007 transformó la industria de los teléfonos móviles al adelantarse en diseño y funcionalidad.[76]

En el ámbito político, los líderes que saben leer el clima social y económico pueden implementar políticas que resuenen en el electorado y asegurar su reelección. Angela Merkel es un ejemplo contemporáneo que, a lo largo de su mandato, mostró una capacidad excepcional para gestionar crisis, como la de los refugiados en Europa, lo que le permitió mantener su popularidad.

En el campo social, las organizaciones pueden diseñar estrategias efectivas para movilizar recursos y generar impacto en comunidades vulnerables. Un ejemplo destacado es Movistar, que ha implementado campañas de responsabilidad social corporativa que no sólo brindan beneficios a la comunidad, sino que también mejoran su imagen y fortalecen su marca.

Reflexiones de Sun Tzu

En *El arte de la guerra*, Sun Tzu destaca la importancia de conocerse tanto a uno mismo como al enemigo. Un famoso principio que menciona es: «Si conoces al enemigo y te conoces a ti mis-

75. Greene, Robert, *Las 48 leyes del poder*, *op. cit.*; Sun Tzu, *El arte de la guerra*, *op. cit.*; Maquiavelo, Nicolás, *El príncipe*, *op. cit.*

76. «Apple reinventa el teléfono con el iPhone», nota de prensa, <https://www.apple.com/es/newsroom/2007/01/09Apple-Reinvents-the-Phone-with-iPhone/>.

mo, no debes temer el resultado de cien batallas».[77] Este enfoque subraya que el conocimiento y la preparación son fundamentales para el éxito estratégico.

Otro ejemplo relevante es su consejo sobre la necesidad de adaptarse a las situaciones, algo en especial aplicable al mundo actual en constante cambio: «Cuando te enfrente el enemigo, responde a circunstancias cambiantes e inventa recursos».[78] Este principio nos recuerda que en una era de innovación acelerada y transformación constante, la rigidez puede ser un obstáculo para el éxito. Las empresas, las instituciones y las personas que se adaptan a las nuevas condiciones, que aprenden de los errores y se reinventan continuamente, tienen más probabilidades de triunfar.

Reflexiones de Maquiavelo

En *El príncipe*, Maquiavelo aborda la importancia del poder estratégico al señalar que «el fin justifica los medios».[79] Esto implica que en la búsqueda de objetivos políticos, las acciones deben ser evaluadas en función de su eficacia y no de su moralidad. Asimismo, su famoso consejo sobre la importancia de «parecer virtuoso»,[80] aunque no lo seas, subraya la necesidad de manejar la percepción pública para asegurar el poder.

Otra reflexión relevante es su afirmación de que «es mejor ser temido que amado, si no se puede ser ambas cosas».[81] Esta idea resalta la importancia de la autoridad y el control en la

77. Sun Tzu, *El arte de la guerra*, *op. cit.*, cap. III, «Estrategia ofensiva», XXXI.

78. Ibídem, cap. I, «Estimaciones, reconocimiento, planes, apreciación de la situación, cálculos preliminares», XXVII.

79. La frase no aparece textualmente en *El príncipe*. Sin embargo, comúnmente se asocia con la obra de Maquiavelo porque capta la esencia de su argumento: los líderes deben estar dispuestos a usar cualquier medio necesario, incluso inmoral, para mantener el poder y proteger al Estado.

80. Maquiavelo, Nicolás, El príncipe, *op. cit.*, p. 414.

81. Ibídem, p. 56.

estrategia política, y sugiere que en ciertas circunstancias el miedo puede ser un poderoso aliado en la gestión del poder.

Reflexiones de Robert Greene

Robert Greene enfatiza que el poder no se basa sólo en la fuerza, sino en la planificación y la manipulación sutil. En su obra *Las 48 leyes del poder*, señala que «la estrategia es más importante que la fuerza bruta»[82] y destaca la importancia de permanecer adaptable. Por ejemplo, Greene ilustra cómo, al aprovechar alianzas y desestimar enemistades, César Borgia utilizó tácticas ingeniosas para establecer su dominio en Italia. Su habilidad para cambiar de enfoque según la situación le permitió no sólo ganar territorio, sino también mantener un control duradero. Esta capacidad de adaptación y maniobra es esencial en un mundo interconectado y competitivo, donde las habilidades estratégicas pueden definir el éxito o el fracaso.

¿Cómo incrementar mi poder estratégico?

El poder estratégico es fundamental para una toma de decisiones efectiva y ejercer influencia en tu entorno. Para incrementarlo, aplica los siguientes principios:

1. **Conoce tus fortalezas y debilidades:** sé consciente de tus puntos fuertes para usarlos de manera eficaz y potenciarlos, y reconoce tus debilidades para evitarlas antes de que te ocasionen una derrota.
2. **Analiza a tus rivales:** toma conciencia de los puntos fuertes y débiles de tus adversarios. Esto te permitirá defenderte mejor y atacar donde más les duele.

82. La frase no aparece textualmente en las obras de Robert Greene, pero resume un tema recurrente en sus libros, como *Las 48 leyes del poder*, donde enfatiza la importancia de la astucia y la planificación sobre la fuerza bruta.

3. **Estudia el contexto y las variables:** realiza un análisis de los cambios en tu entorno (social, económico, tecnológico, etc.) para obtener un mapa que te guíe en tus decisiones.
4. **Fija objetivos claros:** establece metas precisas para trazar un camino efectivo. Sin un destino definido, es fácil perder tiempo y energía en trayectorias erráticas.
5. **Prevé situaciones futuras:** evita la improvisación. Tener un repertorio de posibles escenarios y respuestas te permitirá actuar con rapidez y eficacia.
6. **Mide los tiempos para la acción:** domina el don de la oportunidad. Una acción valiosa en el momento equivocado puede ser un fracaso; una acción menor en el momento adecuado puede ser un gran acierto.
7. **Gradúa la intensidad de tus acciones:** ajusta la fuerza de cada movimiento según la situación. Saber cuándo ser contundente y cuándo ser sutil es clave para la efectividad.
8. **Adáptate con rapidez a los cambios:** la realidad está en constante evolución. Cuanto antes te adaptes, más eficiente podrás ser en tus acciones.
9. **Invierte recursos en jugadas ganadoras:** desarrolla la capacidad de intuir qué movimientos tienen más posibilidades de éxito y destina tus recursos a ellos.
10. **Sorprende a tus rivales:** las iniciativas inesperadas impactan con fuerza. La sorpresa puede ser un arma poderosa en tu arsenal estratégico.
11. **Anticipa los movimientos de tus rivales:** como en el ajedrez, prever las jugadas futuras es esencial. Calcula las consecuencias de tus movimientos y cómo afectarán a tus adversarios.
12. **Coordina equipos internos:** asegúrate de que todos en tu equipo trabajen como una fuerza unificada con un objetivo común. La colaboración optimiza el impacto final.
13. **Establece alianzas externas:** tu equipo interno no siempre será suficiente. Construir relaciones con aliados te dará apoyo en la búsqueda de tus objetivos.
14. **Busca *feedback* y mentores:** establece canales de comunicación abiertos con personas de confianza que puedan

ofrecerte retroalimentación honesta sobre tus acciones y decisiones. Contar con un guía experimentado te ayudará a acortar la curva de aprendizaje, identificar áreas de mejora y refinar tus estrategias.

15. **Ejecuta una autocrítica y corrige con rapidez:** ten el coraje de revisar tus fallos. Ser consciente de ellos te permitirá corregir y mejorar continuamente.
16. **Fomenta un aprendizaje veloz:** evita el estancamiento en conocimientos y habilidades. La capacidad de aprender y adaptarte con rapidez te proporciona una ventaja significativa.

Conclusión

El poder estratégico es más que una simple influencia; es el arte de dominar el juego del poder. En un mundo en constante cambio, la habilidad para aplicar estrategias efectivas es crucial para el éxito en áreas empresariales, políticas y personales. Este poder se nutre de la capacidad de anticipar, planificar y adaptarse. Un líder estratégico no sólo conoce sus fortalezas, sino que también identifica y utiliza a su favor las debilidades de sus rivales. Recuerda que el éxito se basa tanto en la fuerza como en la inteligencia y la flexibilidad para tomar decisiones adecuadas en el momento preciso. ¡Domina la estrategia y transforma cada desafío en una oportunidad para triunfar!

4.9. Poder técnico-tecnológico

> El progreso tecnológico no sólo transforma el mundo que nos rodea, sino que redefine la esencia misma de lo que significa ser humano.
>
> ALBERT EINSTEIN[83]

83. La frase no está documentada como una cita textual de Albert Einstein. Aunque habló de tecnología y ciencia, no hay evidencia de que haya usado

En este apartado, descubrirás cómo el acceso a la tecnología puede ser un potente motor de empoderamiento personal y social. El poder técnico-tecnológico se refiere al desarrollo e innovación de las herramientas utilizadas por individuos, instituciones y Estados para ejercer influencia, y se fundamenta en su sofisticación y relevancia. Esto abarca desde imprentas, ordenadores, software y automatizaciones industriales hasta la robótica o las armas nucleares, lo que evidencia que la tecnología es un transformador de alto impacto en diversas esferas de la vida.

Distinción entre técnica y tecnología

A partir de las conclusiones de *Notas sobre la técnica*, de Gustavo Bueno,[84] que diferencia entre técnica y tecnología, podemos delinear dos subtipos en el poder técnico-tecnológico: el poder técnico, que emplea herramientas sin requerir conocimientos científicos, y el poder tecnológico, que se basa en la innovación científica.

- **Poder técnico:** se ejerce a través de herramientas simples, como cuchillos o lanzas, que no requieren un conocimiento científico elaborado para su fabricación. Aunque más primitivo, sigue siendo relevante. Por ejemplo, en una situación de conflicto entre bandas callejeras rivales, el uso de un objeto afilado puede ofrecer una ventaja considerable, lo que demuestra que el poder técnico tiene potencial para influir en los desenlaces.
- **Poder tecnológico:** se manifiesta a través de herramientas que requieren conocimiento científico para su creación. Un ejército con acceso a armamento nuclear, como los uti-

---

esas exactas palabras. Se trata de una interpretación o resumen popular de sus ideas.

84. Bueno, Gustavo, «Notas sobre la técnica», *Ábaco*, Oviedo, 2000, número 27-28, pp. 193-206.

lizados en la Segunda Guerra Mundial por Estados Unidos, posee un poder tecnológico significativo. En el ámbito empresarial, una compañía que fabrique dispositivos móviles innovadores goza de una ventaja competitiva en el mercado.

Esta distinción implica que a lo largo de la historia, la técnica ha existido mucho antes que la tecnología, siendo más primitiva, pero al mismo tiempo esencial en nuestra evolución.

Implicaciones sociales y desafíos éticos

El poder técnico y tecnológico transforma las dinámicas sociales, creando tanto nuevas oportunidades como desafíos éticos. La brecha digital, por ejemplo, revela el acceso desigual a la tecnología y su impacto en diferentes grupos. Además, el control y manipulación de grandes volúmenes de información mediante algoritmos e inteligencia artificial plantean serias cuestiones éticas, como los sesgos algorítmicos y la manipulación de la opinión pública. Asimismo, la automatización y la robotización presentan retos laborales significativos, generando incertidumbre en el mercado de trabajo que exige una regulación adecuada.

El poder tecnológico se manifiesta de manera peligrosa a través de las armas nucleares, que pueden alterar el equilibrio global. Estas armas impactan en las relaciones internacionales y crean un sistema de disuasión nuclear. La capacidad de un Estado para provocar una destrucción masiva actúa como un potente elemento disuasorio, evidenciado por la constante amenaza nuclear de Rusia,[85] que influye en las estrategias geopolíticas a nivel mundial.

85. Mao, Frances, «Putin propone cambiar las reglas sobre el uso de armas nucleares», *BBC News Mundo*, <https://www.bbc.com/mundo/articles/cpdq4vdd6yxo>.

Futuro del poder tecnológico: nuevas realidades, nuevos impactos

Las redes sociales están transformando nuestras vidas. Las protestas de la Primavera Árabe[86] demostraron cómo las redes sociales pueden catalizar cambios políticos rápidos, ilustrando su capacidad para movilizar y transformar las dinámicas de poder.

Las nuevas tecnologías, como la impresión 3D y los drones, están revolucionando la fabricación y la agricultura, mientras que la biotecnología impulsa avances médicos transformadores y plantea nuevos desafíos éticos. La capacidad de los Estados para controlar información, junto con la inteligencia artificial, altera las dinámicas de poder globales. La ciberseguridad ahora es un tema crítico de seguridad nacional, y el conflicto en Ucrania resalta el papel crucial de la tecnología en la defensa, redefiniendo estrategias militares. En sus diversas facetas, el poder tecnológico está moldeando nuestro mundo.

¿Cómo incrementar mi poder técnico?

1. **Controla las herramientas básicas:** familiarízate y practica con herramientas primarias de tu campo. La maestría en lo básico te proporcionará una sólida base.
2. **Formación práctica:** participa en talleres que ofrezcan experiencias prácticas. Aprender haciendo es una de las maneras más eficaces de adquirir habilidades técnicas.
3. **Resolución de problemas:** desarrolla habilidades para identificar y solucionar problemas técnicos. Enfrentarte a situaciones desafiantes fortalecerá tu capacidad.
4. **Adaptabilidad:** aprovecha la oportunidad de explorar y dominar herramientas emergentes en tu campo para mantener tu competitividad y relevancia.

86. Véase Wikipedia: <https://es.wikipedia.org/wiki/Primavera_Árabe_(2010-2012)>.

5. **Intercambio de conocimientos:** colabora con otros profesionales para compartir técnicas y enfoques. Aprender de los demás te ofrecerá nuevas perspectivas y métodos.

¿Cómo incrementar mi poder tecnológico?

1. **Actualización continua:** mantente al día con las últimas tecnologías en tu campo. Participa en cursos y conferencias para aprender sobre nuevos desarrollos.
2. **Capacitación en software avanzado:** aprende a usar programas y tecnologías que mejoren tus procesos. La formación en estos aspectos es fundamental.
3. **Inversión en tecnología:** adquiere herramientas y software relevantes. La inversión adecuada puede aumentar significativamente tu eficiencia.
4. **Análisis y adaptación:** evalúa cómo las nuevas tecnologías pueden aplicarse a tus objetivos. La adaptabilidad es clave para aprovechar al máximo las herramientas disponibles.
5. **Colaboración interdisciplinaria:** trabaja con profesionales de otras áreas para integrar diferentes tecnologías. Esto enriquecerá tu capacidad de innovación.

Conclusión

El poder técnico-tecnológico transforma cómo interactúas y utilizas herramientas en tu vida cotidiana. Al reconocer su potencial, puedes emplearlo para fortalecer tus proyectos y fomentar la innovación. Domina la tecnología, mantente a la vanguardia, aplica la ética y... ¡propulsa un futuro disruptivo con tus iniciativas!

4.10. Poder cultural

> Las culturas son como un río: cambian constantemente, pero su esencia perdura. Para entender el presente y moldear el futuro, debemos aprender a navegar sus corrientes.
>
> JOSÉ SARAMAGO[87]

En este apartado veremos cómo usar la cultura para enriquecer tu vida, ampliar tu horizonte e impactar en tu comunidad. El poder cultural es la capacidad de personas, instituciones y Estados para influir, moldear y transformar los valores, creencias, costumbres y prácticas de una sociedad. Se manifiesta de diversas formas, desde la producción de arte y literatura, las religiones y tradiciones, hasta la difusión de ideales y estilos de vida, abarcando un amplio espectro de prácticas socioculturales.

La cultura funciona como un lente a través del cual percibimos y entendemos el mundo. Moldea nuestras creencias, establece normas que rigen nuestro comportamiento y ofrece un marco para evaluar la conducta adecuada. Transmitidas de generación en generación, las costumbres crean un sentido de identidad y pertenencia, e impactan profundamente en nuestras relaciones con nosotros mismos y con los demás.

Personas, instituciones y Estados ejercen el poder cultural de maneras interconectadas. Por ejemplo, figuras públicas como artistas o activistas pueden influir en la percepción social de temas importantes, e impulsar cambios en normas culturales y políticas públicas. Al fomentar el conocimiento y la preservación patrimonial, instituciones culturales como museos y universidades legitiman discursos y tradiciones. A nivel estatal, los países

87. La frase no se encuentra textualmente en ninguna obra de José Saramago, pero refleja temas de *El año de la muerte de Ricardo Reis* (1984), donde explora la naturaleza humana y el cambio cultural, convirtiéndola en una paráfrasis de su pensamiento.

promueven identidades nacionales mediante la educación y el respaldo a la historia o las artes, favoreciendo así un sentido compartido de herencia y pertenencia.

Un ejemplo contemporáneo en España es el trabajo de Pedro Almodóvar,[88] cuyo cine ha influido de manera notable en la percepción de la identidad y cultura españolas a nivel internacional. Sus películas, que abordan temas audaces como la sexualidad y las normas sociales, desafían los límites ideológicos tradicionales y contribuyen significativamente a la conversación sociocultural.

Sin embargo, el poder cultural también puede tener efectos negativos. A menudo, la cultura dominante margina otras expresiones culturales y perpetúa estereotipos y desigualdades. La representación limitada de ciertas comunidades en los medios de comunicación puede contribuir a la persistencia de prejuicios y a la falta de comprensión entre diferentes grupos.

Reflexiones sobre ejemplos de poder cultural

- **Cultura española:** el flamenco es más que un baile; es un grito del alma española.[89] Su ritmo visceral y su profunda melancolía han tejido una identidad cultural poderosa que ha transformado la percepción del mundo sobre la esencia del pueblo español.
- **Cultura africana:** la oralidad y la tradición son cruciales en muchas culturas africanas para transmitir valores y fortalecer la cohesión social. En la cultura yoruba, los relatos

88. Nieto-Ferrando, J.; Lozano-Aguilar, A.; y Gómez-Morales, B., «Turismo y cine de autor. Almodóvar impulsor de la imagen de España en Francia» [«Tourism and auteur cinema. Almodóvar as a promoter of the image of Spain in France»], *Revista Latina de Comunicación Social*, 82, 2024, pp. 1-20, <https://www.doi.org/10.4185/RLCS-2024-2156>.

89. Gobierno de España, Ministerio de Cultura, <https://www.cultura.gob.es/cultura/areas/patrimonio/mc/patrimonio-inmaterial/elementos-declarados/nacionales-comunidad-autonoma/andalucia/flamenco.html>.

de los dioses y héroes son fundamentales para comprender la moralidad y la identidad colectiva.[90]

- **Cultura japonesa:** en Japón, el concepto de *wa* ('armonía') influye en las interacciones sociales y las decisiones.[91] Prácticas como el *omotenashi* ('hospitalidad') y el *ikebana* ('arreglo floral') reflejan la búsqueda de altruismo, belleza y equilibrio.
- **Cultura islámica:** en las sociedades islámicas, la literatura, poesía y caligrafía son vitales para la identidad cultural y religiosa. Promoviendo valores de amor y espiritualidad, poetas como Rumi trascienden fronteras.[92]
- **Culturas indígenas:** los pueblos indígenas, como los nativos americanos,[93] utilizan el arte y la danza para contar historias y preservar su legado, ofreciendo una visión única de la relación del ser humano con la naturaleza.

Impulsa tu proyecto con poder cultural

Aprovechar el poder cultural es fundamental para el éxito de tus proyectos. Integrar tus productos o servicios con fuerzas culturales establecidas en la sociedad te permite infundirles esta esencia, lo que amplía su alcance y aumenta su aceptación entre el público. Al conectar con la cultura existente, puedes crear resonancia emocional y relevancia, lo que impulsará el impacto de tu proyecto. Un ejemplo inspirador es la marca de calzado

90. Véase Wikipedia: <https://es.wikipedia.org/wiki/Religión_yoruba>.

91. Laura, «La armonía social o el concepto de *wa*», *Japanismo*, <https://japonismo.com/blog/la-armonia-social-o-el-concepto-de-wa>.

92. «La poesía de Rumi: un puente entre Oriente y Occidente en español», *Poesía sin fronteras*, <https://poesiasinfronteras.net/traducciones/poesia-rumi-puente-oriente-occidente-espanol/>.

93. Millán, Agustín, «La representación del arte indígena americano: entre la autenticidad y la transfiguración», *Diario 16+*, <https://diario16plus.com/cultura/la-representacion-del-arte-indigena-americano-entre-la-autenticidad-y-la-transfiguracion_413563_102.html>.

TOMS,[94] que ha incorporado en su modelo de negocio la filosofía «One for One», que consiste en dar un par de zapatos a comunidades necesitadas por cada par vendido. Esta propuesta no sólo alinea la marca con el creciente movimiento de responsabilidad social, sino que también le ha permitido conectar profundamente con consumidores que valoran el impacto positivo de sus compras.

Otro ejemplo brillante es la marca de cosméticos Fenty Beauty, fundada por Rihanna.[95] Al ofrecer una amplia gama de tonos de base para todo tipo de piel, la marca se alineó con la demanda de diversidad e inclusión en la industria de la belleza. Al abrazar la pluralidad cultural y racial, no sólo atrajo a un amplio espectro de consumidores, sino que también redefinió los estándares de la industria y se posicionó en el mercado como un líder influyente y transformador.

De igual modo, Nike es otro ejemplo notable de cómo el poder cultural puede impulsar una marca.[96] Esta icónica multinacional ha fusionado de manera excepcional en sus campañas publicitarias la cultura del empoderamiento y la inclusión. A través de anuncios que celebran la diversidad de atletas contando historias inspiradoras, Nike se ha posicionado no sólo como líder en el deporte, sino como un símbolo de lucha por la justicia social. Conectando profundamente con un público comprometido con el cambio, su lema «Just Do It» invita a todos a superar limitaciones y abrazar su identidad.

94. Ijelman, Cynthia, «TOMS y su innovador modelo de negocios del uno por uno», *Fashion United*, <https://fashionunited.co/noticias/moda/toms-y-su-innovador-modelo-de-negocios-del-uno-por-uno/2016013020940>.

95. Armas Gil, Eva, «El mensaje inclusivo de Fenty Beauty by Rihanna», *Harper's Bazzar*, <https://www.harpersbazaar.com/es/belleza/noticias-belleza/a14863456/rihanna-fenty-beauty-inclusividad-mujeres-negras/>.

96. «Diversidad, equidad e inclusión», Nike, <https://media-assets.nike.com/es-ES/impact/focus-areas/diversity-equity-inclusion>.

¿Cómo incrementar mi poder cultural?

1. **Educación continua:** amplía tus horizontes culturales a través de la educación. Lee, asiste a conferencias y participa en talleres que enriquezcan tu comprensión sobre diversos temas.
2. **Reflexión crítica:** desarrolla la habilidad de analizar y criticar las normas culturales existentes. Una perspectiva evaluativa te permitirá cuestionar lo que se da por sentado y fomentar un diálogo constructivo.
3. **Aprende a leer el *zeitgeist*:**[97] agudiza tu capacidad para captar el «espíritu cultural» de tu época. Conéctate con tendencias clave como la diversidad, los derechos humanos, el ecologismo, la salud mental y los movimientos antisistema. Adapta tus proyectos a estas corrientes para que tus iniciativas se nutran de las fuerzas culturales predominantes, logrando así un mayor impacto en un público cada vez más comprometido.
4. **Participación activa:** involúcrate en actividades culturales de tu comunidad. Ya sea por medio del arte, la música o el voluntariado, participar en la vida cultural local fortalecerá tu conexión con los demás.
5. **Creación artística:** expresa tus ideas y valores a través de formas artísticas. La creación y difusión de tu propio contenido cultural puede ser una poderosa forma de influencia.
6. **Crea tu propia marca:** construye una marca atractiva que refleje tus valores o los de tu proyecto. Una imagen memorable genera confianza y lealtad. Utiliza símbolos y colores estratégicos con un lenguaje coherente, y comparte tu mensaje en redes sociales para amplificar tu impacto.

97. El término *zeitgeist* proviene del alemán y se traduce como 'espíritu de la época'. Se refiere al conjunto de ideales, actitudes y creencias predominantes en una sociedad durante un período histórico concreto y que influye en la configuración de su arte, política y cultura.

Conclusión

El poder cultural es una fuerza transformadora que moldea los valores y comportamientos en nuestra sociedad. Al integrar la cultura en tus proyectos, puedes generar interés y conexión con tu público. Colaborar con figuras influyentes y utilizar corrientes culturales auténticas amplificarán tu impacto y aceptación. Invertir en educación, participar en actividades cívicas, interpretar el *zeitgeist*, fomentar la creación artística y diseñar una marca propia enriquecerán tu perspectiva y potenciarán tus proyectos. ¡Aprovecha la cultura como una herramienta clave para impulsar tu éxito y destacar en tu entorno!

5

El algoritmo del poder: una guía para maximizar tu influencia

> El cálculo del poder es un algoritmo que puede construir o destruir; cada número cuenta una historia de fuerza o fragilidad.
>
> ANÓNIMO

Hemos explorado los 10 tipos de poder; ahora es el momento de ponerlos en práctica y maximizar tu influencia en todos los ámbitos de tu vida, tanto personal como profesional. Al dejar atrás la abstracción, nos centraremos en la aplicación concreta de estos poderes. En este capítulo, usarás una herramienta interactiva diseñada para identificar tus fortalezas y desarrollar estrategias efectivas para potenciarlas. Nos basamos en la obra *Algoritmos* de Andy Vickler[98] para ofrecerte un algoritmo práctico y sencillo que te ayudará en la gestión de los 10 tipos de poder. ¡Es hora de transformar el conocimiento en acción real!

98. Vickler, Andy, *Algoritmos*, Ladoo Publishing LLC, 2022, pp. 179-195.

5.1. Identificar tu poder: un análisis interactivo

Te invitamos a un recorrido interactivo para identificar y evaluar tus propios tipos de poder. Antes de comenzar, es importante que contextualices tu autoevaluación: considera el entorno en el que te encuentras y cuál es tu rol. ¿Eres estudiante, un autónomo, un empresario, un líder comunitario o un político?

Recuerda que tu evaluación debe reflejar las dinámicas y desafíos propios de tu situación. Comparar tu poder económico con el de un magnate puede resultar desalentador; en su lugar, enfócate en tu contexto y las fuerzas, competencias y complicaciones a las que te enfrentas. Responde a las siguientes preguntas con una valoración del 1 al 5, siendo 1 «muy bajo» y 5 «muy alto». Sé honesto contigo mismo; esta autoevaluación es para tu propio beneficio:

1. **Poder biológico:** considerando tu salud física, energía y presencia, ¿qué nivel de influencia posees a través de tu imagen corporal, confianza y capacidad física? (1-5)
2. **Poder emocional:** ¿qué tan bien gestionas tus emociones y cómo influyes en las de los demás? Considera tu capacidad para generar empatía, confianza o motivación. (1-5)
3. **Poder comunicativo:** evalúa tu habilidad para comunicar tus ideas con claridad, concisión y persuasión. ¿Cómo de eficaz es tu comunicación verbal, escrita y no verbal? (1-5)
4. **Poder social:** considera el tamaño y la calidad de tu red de contactos. ¿Cuántos aliados tienes y qué nivel de influencia puedes ejercer a través de tus conexiones? (1-5)
5. **Poder institucional:** ¿qué influencia ejerces dentro de las organizaciones a las que perteneces? Considera tu posición, tu capacidad de tomar decisiones y tu impacto en las normas y procedimientos. (1-5)
6. **Poder económico:** reflexiona sobre tus recursos económicos. ¿Qué nivel de influencia tienes gracias a tu capacidad adquisitiva y tu poder para controlar recursos? (1-5)

7. **Poder político:** considera tu potencial de influir en las decisiones políticas, a nivel comunitario o nacional. ¿Cuánto impacto tienen tus decisiones gubernamentales en la sociedad? (1-5)
8. **Poder estratégico:** evalúa tu capacidad de planificación, anticipación y adaptación a los cambios. ¿Cómo de eficaz eres a la hora de diseñar estrategias y prever los posibles obstáculos? (1-5)
9. **Poder técnico-tecnológico:** ¿qué nivel de influencia tienes gracias a tu dominio de las tecnologías? Considera tu capacidad para utilizar la tecnología en la consecución de tus objetivos. (1-5)
10. **Poder cultural:** reflexiona sobre la influencia que ejerces a través de tus valores, creencias y estilo de vida. ¿Qué tan bien comunicas tu marca y cómo impacta en tu entorno? (1-5)

Interpretación de tus resultados: tras valorar cada tipo de poder, obtendrás una idea general de tu perfil de poder. Las puntuaciones más altas indican áreas en las que tienes mayor fortaleza y donde puedes maximizar tu influencia. Las valoraciones más bajas te muestran áreas que necesitas potenciar. Recuerda que éste es un análisis dinámico; tu perfil de poder puede cambiar con el tiempo y en función de las circunstancias.

5.2. Modelo de puntuación de poder: refuerzo cuantitativo y estrategias de combinación

Ahora, vamos a traducir esa evaluación cualitativa en una herramienta cuantitativa que te ayudará a priorizar tus acciones: el «modelo de puntuación de poder». Este modelo utiliza una tabla de ponderación para reflejar la importancia relativa de cada tipo de poder en tu contexto específico (tabla 5.1). ¡Fíjate en que no todos los poderes tienen el mismo impacto! Cada uno posee un valor único e influye de forma diferente en tu camino hacia el éxito.

Tabla 5.1. Ponderación de poder

TIPO DE PODER	PONDERACIÓN MÁXIMA
Biológico	2
Emocional	3
Comunicativo	2,5
Social	3
Institucional	3
Económico	4
Político	4
Estratégico	3,5
Técnico-tecnológico	3
Cultural	2

Fuente: Elaboración propia.

Cálculo de tu poder total (PT): multiplica cada puntuación asignada por la ponderación correspondiente y suma los resultados. Por ejemplo, imagina que en el apartado «5.1» asignaste los siguientes puntajes:

- Poder biológico: 4
- Poder emocional: 3
- Poder comunicativo: 2
- Poder social: 5
- Poder institucional: 3
- Poder económico: 4
- Poder político: 2
- Poder estratégico: 3
- Poder técnico-tecnológico: 4
- Poder cultural: 3

Multiplica cada puntaje por su ponderación (tabla 5.2).

Tabla 5.2. Puntuación × ponderación

TIPO DE PODER	PUNTUACIÓN (1-5)	PONDERACIÓN	RESULTADO (PUNTUACIÓN × PONDERACIÓN)
Biológico	4	2	8
Emocional	3	3	9
Comunicativo	2	2,5	5
Social	5	3	15
Institucional	3	3	9
Económico	4	4	16
Político	2	4	8
Estratégico	3	3,5	10,5
Técnico-tecnológico	4	3	12
Cultural	3	2	6

Fuente: Elaboración propia.

Cálculo de tu poder total (PT)

Ahora, suma todos los resultados:

$$PT = 8 + 9 + 5 + 15 + 9 + 16 + 8 + 10{,}5 + 12 + 6 = 98{,}5$$

Con un poder total (PT) de 98,5 puedes identificar tus fortalezas en áreas como «poder social» y «poder económico» y enfocarte en mejorar áreas como «poder comunicativo».

Evaluación de la competencia

Imagina que has evaluado a la competencia de la misma manera. Por ejemplo, si eres un empresario, considera a tu empresa rival, o si eres un candidato político, evalúa a la oposición. Supongamos que su poder total es 85.

Comparación de poderes

- Tu poder total (PT): 98,5
- Poder total de la competencia: 85
- Diferencia de poder: 98,5 – 85 = 13,5

Con esta comparación, has obtenido una diferencia de poder positiva (+) de 13,5. Esto indica que tienes una ventaja sobre tu competencia. Si tu diferencia de poder hubiera sido negativa (–), sería necesario evaluar áreas de mejora y diseñar un plan para fortalecer tu posición.

Ejemplo práctico: el éxito de una start-up *tecnológica*

Un equipo de emprendedores que lanza una nueva aplicación móvil obtiene las siguientes puntuaciones: biológico (4), emocional (9), comunicativo (10), social (9), institucional (3), económico (8), político (4), estratégico (17,5), técnico-tecnológico (15), cultural (6). Su poder total es 85,5. Observa cómo sus altas puntuaciones en poder estratégico y poder técnico-tecnológico fueron claves para su innovación y su éxito, pero la baja puntuación en poder económico e institucional hizo que necesitaran financiación y alianzas externas para crecer.

5.3. Desbloquear el algoritmo del poder: guía para la acción estratégica

Aprovechar las diferentes formas de poder es clave para maximizar tu influencia. Los pasos para utilizar este modelo de forma efectiva son:

1. **Identifica los poderes relevantes:** considera qué tipos de poder son cruciales para tus objetivos específicos.
2. **Evalúa tu poder personal:** asigna puntuaciones (1-5) a cada poder relevante según tu situación y contexto actual.

3. **Calcula tu poder total (PT):** aplica la tabla de ponderación y suma los resultados. Un PT alto indica una ventaja significativa.
4. **Evalúa a la competencia:** compara tu PT con el de tu competencia. Reflexiona sobre cómo tu poder total te coloca frente a ellos y considera estrategias para mejorar tu posición, si es necesario.
5. **Estrategia de acción:** define acciones específicas para maximizar tus fortalezas y abordar tus debilidades. Si tu diferencia de poder es positiva enfócate en cómo capitalizar esa ventaja. Por el contrario, si es negativa, prioriza el refuerzo de tus áreas menos desarrolladas. Con esta base estás preparado para dar el siguiente paso hacia un éxito estratégico.

5.4. DAFO del poder: descubre tu potencial estratégico

Tras evaluar tus 10 tipos de poder, es hora de aplicar una herramienta clave que profundice tu comprensión: el análisis DAFO. Este método no sólo te ayudará a refinar el conocimiento sobre tus fortalezas y debilidades internas, sino que también identificará las oportunidades externas que puedes aprovechar y las amenazas que debes mitigar. Al integrar el DAFO en tu estrategia, perfeccionarás tu capacidad para ejercer influencia.

Fortalezas (F)

Basándote en tu evaluación de la sección anterior (5.1), identifica tus tres áreas de mayor puntuación (poderes con puntuación 4 o 5). Para cada fortaleza, describe brevemente:

- Qué te aporta: ¿qué beneficios concretos te ofrece esta fortaleza? ¿Qué habilidades o recursos implica?

- Cómo te ayuda a lograr tus objetivos: ¿de qué manera esta fortaleza contribuye a alcanzar tus metas? Proporciona ejemplos concretos.

Ejemplo práctico: imagina a un joven emprendedor que aplica el análisis DAFO para lanzar su *start-up* y descubre que su mayor fortaleza radica en su poder tecnológico. Esto le permite ofrecer soluciones innovadoras y diferenciarse en el mercado, abriendo oportunidades para atraer inversores.

Debilidades (D)

Identifica tus tres áreas de menor calificación (poderes con puntuación 1 o 2). Para cada debilidad, describe brevemente:

- Qué te limita: ¿qué aspectos concretos te restringe esta debilidad? ¿Qué recursos o habilidades te faltan?
- Cómo podría obstaculizar el logro de tus objetivos: ¿de qué manera podría esta debilidad afectar negativamente a tu capacidad de alcanzar tus metas? Proporciona ejemplos concretos.

Ejemplo práctico: en el mismo caso de la *start-up* de tecnología, supón que su baja puntuación en poder económico (puntuación 2) refleja una limitada capacidad adquisitiva, dificultando la inversión en innovación y la expansión del negocio. Esta debilidad puede impedirle competir con empresas más grandes en el lanzamiento de campañas de marketing digital.

Oportunidades (O)

Considera las oportunidades externas que podrían beneficiar tu perfil de poder. Piensa en tendencias sociales, tecnológicas o económicas, así como en la posibilidad de formar alianzas con instituciones educativas, colaborar con empresas del sector, acceder a fondos de inversión para *start-ups* o participar en programas de incubación. Para cada oportunidad, describe cómo podrías aprovecharla.

Ejemplo práctico: la creciente demanda de sostenibilidad (Oportunidad) permite a una empresa de productos ecológicos potenciar su poder económico, expandiendo su oferta y aumentando su presencia en el mercado a través de campañas de concienciación y alianzas con organizaciones ambientales.

Amenazas (A)

Identifica las amenazas externas que podrían afectar a tu perfil de poder. Considera posibles competidores emergentes, cambios regulativos en el mercado, fluctuaciones económicas o desafíos sociales como el descontento comunitario. Para cada riesgo, describe brevemente cómo podrías mitigarlo.

Ejemplo práctico: el vertiginoso desarrollo de la competencia en el sector de las energías renovables (Amenaza) requiere una adaptación constante para mantener la ventaja competitiva. Para reducir esta amenaza, el nuevo proyecto se centrará en la innovación continua y en la búsqueda de alianzas estratégicas con empresas complementarias en el sector.

Estrategia final para la acción

A partir de tu análisis DAFO, define medidas concretas para:

- Aprovechar tus fortalezas: ¿cómo puedes maximizar tus puntos fuertes?
- Mitigar tus debilidades: ¿qué acciones puedes tomar para superar tus limitaciones?
- Aprovechar las oportunidades: ¿cómo puedes sacar partido de las situaciones y tendencias del mercado?
- Minimizar las amenazas: ¿cómo puedes proteger tu posición frente a la competencia y otros desafíos?

Para ilustrar la efectividad de este modelo, permíteme compartir una breve anécdota personal. Cuando estaba desarrollando mi proyecto empresarial, identifiqué mis fortalezas (poder comunicativo y estratégico) y debilidades (poder económico e institucional). Esta evaluación guio mi estrategia: obtener financiación y alianzas clave para superar mis limitaciones y conseguir una ventaja competitiva.

Ahora estás preparado para desarrollar un plan de acción eficaz que te ayude a alcanzar tus objetivos y potenciar tu influencia. Recuerda que es un proceso dinámico; tu DAFO puede cambiar con el tiempo y en función de las circunstancias.

Conclusión

Este capítulo te ha proporcionado una herramienta práctica para identificar, evaluar y maximizar tus tipos de poder. Comprender cómo funciona el «algoritmo del poder» y aplicar estratégicamente tus fortalezas es crucial para lograr avances tanto personales como profesionales. Ahora es el momento de transformar el conocimiento en acción: utiliza las habilidades que has desarrollado para convertir tus aspiraciones en logros concretos y emerger como una figura de influencia y liderazgo en tu entorno. ¡El camino ya está trazado, y el siguiente paso depende de ti!

6

Interrelaciones de poderes

> El poder no es un recurso estático, sino una red dinámica de interacciones que moldea nuestro entorno y nuestras vidas.
>
> JULEN ROBLEDO[99]

Comprender los 10 tipos de poder es esencial, pero su verdadero potencial reside en su capacidad para interactuar y combinarse. Imagina un vasto océano en el que diversas corrientes de poder fluyen y se entrelazan y crean un paisaje en constante cambio de influencias y efectos. En este mundo interconectado, los distintos tipos de poder (biológico, emocional, institucional, económico, tecnológico, etcétera) no actúan en soledad; juntos forman una compleja sinfonía que influye en nuestras decisiones, construye comunidades y define nuestra historia. Esta sección destila la complejidad de estas interrelaciones, y resalta cómo pueden generar oportunidades de colaboración y conflictos de intereses. A través de ejemplos ilustrativos, analizaremos cómo estas dinámicas de poder moldean nuestras vidas diarias

99. Ésta es una frase a medida para este capítulo creada por Julen Robledo, autor de este libro.

y el paisaje social y político que habitamos, y ofreceremos una nueva perspectiva sobre el impacto de nuestras acciones.

6.1. Dinámicas entre tipos de poder

Los diferentes tipos de poder están interconectados en un entramado dinámico que puede potenciar o restringir su influencia recíproca. Esta interrelación no sólo revela cómo se manifiestan en nuestra vida cotidiana, sino que también destaca su papel en la configuración de nuestras decisiones y en la estructura social y cultural que nos rodea. Al reconocer estas conexiones, profundizamos en nuestra comprensión de la realidad y enfatizamos la importancia de navegar estas corrientes de poder en la búsqueda de un propósito significativo y un impacto positivo.

Por ejemplo, en el ámbito deportivo, los futbolistas ejercen poder biológico a través de su condición física. Sin embargo, bajo la dirección de un entrenador, despliegan poder estratégico al ejecutar movimientos específicos. Un caso emblemático de esta sinergia es el FC Barcelona bajo Pep Guardiola, en el que la combinación de habilidades físicas y estrategias innovadoras llevó al equipo a conquistar múltiples títulos.

En el mundo de los productos de lujo, la imagen desempeña un papel crucial, estableciendo una poderosa interacción entre distintos tipos de poder. Las marcas emplean fotografías de personas atractivas y exitosas para vincular sus productos con el estatus. Esta estrategia fusiona el poder biológico, al asociar la imagen con atributos positivos, con el poder económico y comunicativo, al potenciar la capacidad de inversión en publicidad. Como resultado, se amplifica el poder cultural de la marca, influyendo de manera significativa en las decisiones de compra de los consumidores.

Observa, por otro lado, el auge del activismo climático. Los movimientos ecologistas utilizan las redes sociales (poder tecnológico y comunicativo) para movilizar a las personas (poder social) y ejercer presión sobre los gobiernos para implementar políticas medioambientales (poder político). Esta militancia multipoder ha generado un cambio significativo en la concienciación pública y en las medidas estatales aplicadas para paliar el cambio climático.

Si nos fijamos, el poder tecnológico puede transformarse en poder militar, como lo demuestra el uso de drones por el ejército español.[100] Vehículos no tripulados (VANT) como el MQ-9 Reaper aprovechan tecnología avanzada para tareas de reconocimiento, redefiniendo la estrategia militar moderna sin la necesidad de una presencia física *in situ*.

Finalmente, contempla la lucha contra la desinformación. Gobiernos y organizaciones internacionales invierten en campañas de alfabetización mediática y verificación de datos para enfrentar este desafío. Estas acciones implican el ejercicio del poder institucional, que busca contrarrestar la influencia de la desinformación, en oposición al poder comunicativo, que es el objetivo a controlar. Así, el poder institucional se esfuerza por limitar el impacto negativo del poder comunicativo.

La interacción entre los diferentes tipos de poder, como hemos visto, puede generar tanto oportunidades de colaboración como conflictos. La tabla 6.1 ilustra algunos ejemplos clave de estas dinámicas.

Tabla 6.1. Dinámicas entre tipos de poder

TIPO DE PODER 1	TIPO DE PODER 2	TIPO DE INTERACCIÓN	EJEMPLO
Político	Institucional	Colaboración	Un ayuntamiento colabora con una ONG para mejorar los servicios sociales.
Económico	Tecnológico	Colaboración	Una empresa invierte en I+D para desarrollar una nueva tecnología.

... / ...

100. Moreno, Santiago, «España, a la vanguardia europea en la creación de unidades policiales de drones», *La Razón*, <https://www.larazon.es/espana/espana-vanguardia-europea-creacion-unidades-policiales-drones_2024020265bd0921b834070001f18771.html>.

... / ...

TIPO DE PODER 1	TIPO DE PODER 2	TIPO DE INTERACCIÓN	EJEMPLO
Económico	Social	Conflicto	Una empresa traslada su producción a un país con bajos salarios.
Político	Económico	Conflicto	Un gobierno impone nuevos aranceles a las importaciones que afectan negativamente a la rentabilidad de ciertas industrias.

Fuente: Elaboración propia.

6.2. Poder y colaboración

La colaboración entre diferentes tipos de poder se asemeja a un vasto río que, al fusionar sus corrientes, se convierte en un torrente imparable capaz de transformar todo a su paso. En lugar de ver el poder como una mera competencia, considera las alianzas estratégicas como el medio para lograr un impacto colectivo significativo. ¿Cómo podemos aprovechar la sinergia de nuestras fortalezas individuales para enfrentar los desafíos más grandes? Al integrar recursos, habilidades y perspectivas diversas, no sólo superamos obstáculos de manera más efectiva, sino que también cultivamos un ambiente propicio para la innovación y el progreso.

Un ejemplo claro de este poder transformador en acción es la iniciativa «Barcelona Smart City», donde diversos poderes se entrelazan para crear soluciones sostenibles.[101] Esta colaboración entre el poder institucional del Ayuntamiento, el poder tecnológico de compañías como Siemens y Cisco, y el poder social de las comunidades locales transforma la ciudad en un entorno más viable y eficiente. Involucrar a los ciudadanos refuerza el empo-

101. «ZIGURAT organiza el Día de Planificación Estratégica Global del Smart Cities Council», Zigurat Institute of Technology, <https://www.e-zigurat.com/es/noticias/zigurat-planificacion-estrategica-global-smart-cities-council/>.

deramiento comunitario y resalta la importancia del poder cultural en la cohesión social.

En la era digital, empresas como Google y Amazon no sólo dominan el poder técnico-tecnológico, sino que también ejercen un poder cultural al influir en nuestras interacciones cotidianas. Su capacidad para personalizar la publicidad afecta a nuestras decisiones de compra y, por ende, al mercado global.

En el sector agrícola, «Agricultura 4.0» en España muestra colaboraciones innovadoras.[102] Mediante el poder político, el gobierno impulsa la modernización agraria, que se une a la innovación tecnológica de empresas biotecnológicas y al poder social de cooperativas agrícolas. El uso de drones y análisis de datos mejora la eficiencia, promueve la sostenibilidad y fortalece las comunidades rurales.

6.3. Conflictos de poder

Los conflictos de poder son una realidad inherente a nuestras relaciones, emergiendo de la intersección de intereses, recursos y visiones. Aunque estas tensiones pueden desafiar nuestras interacciones, también ofrecen oportunidades valiosas para el crecimiento y la comprensión mutua. Entender las raíces de estos conflictos es esencial, ya que la habilidad para navegar en esta complejidad se convierte en una herramienta clave para alcanzar el éxito.

Un ejemplo claro de estas dinámicas se manifiesta en regímenes autoritarios, como el de China, donde el poder político reprime el poder cultural para mantener el control social. La censura en internet y los medios de comunicación restringe la libertad de expresión, debilitando tanto el poder comunicativo como el cultural de la sociedad.

El poder económico también entra en conflicto con el poder estratégico en situaciones como la intervención de Rusia en Ucrania. A pesar de sus recursos, la invasión rusa no ha logrado

102. «Agricultura 4.0», BASF Agro España, <https://www.agro.basf.es/es/Camposcopio/Secciones/Agricultura-4.0/>.

resultados tan positivos,[103] debido a su falta de comprensión de las dinámicas locales, la subestimación de la resistencia ucraniana y la infravaloración del apoyo internacional. Este enfrentamiento ilustra que incluso con respaldo militar y financiero, una estrategia desconectada de la realidad puede conducir al fracaso.

Otro caso relevante es el choque entre plataformas digitales y gobiernos respecto a la regulación de datos y la privacidad. En 2021, el gobierno australiano propuso una ley que obligaría a gigantes como Google y Facebook a remunerar a los medios de comunicación por el uso de su contenido.[104] Respaldadas por su considerable poder económico y tecnológico, las empresas se opusieron firmemente, y argumentaron que dicha regulación amenazaría sus modelos de negocio. Este conflicto revela la tensión creciente entre el poder político de los gobiernos y la influencia de las corporaciones tecnológicas. La batalla se desarrolla no sólo en los tribunales, sino también en el debate público (poder comunicativo), en el que ambas partes intentan establecer quién tiene la autoridad.

Conclusión

Comprender las interrelaciones entre distintos tipos de poder es crucial para navegar las complejas dinámicas que modelan nuestro mundo. Cada tipo de poder se entrelaza, formando una red de influencias que puede generar sinergias constructivas o provocar conflictos. Reconocer estas conexiones nos capacita para ser agentes de cambio positivo e influir de manera consciente y efectiva en la sociedad. ¡Es hora de ser conocedores y activos en el ejercicio de nuestros múltiples poderes!

103. Menon, Rajan, «Putin ya perdió», *The New York Times*, 23 de febrero de 2024, <https://www.nytimes.com/es/2024/02/23/espanol/opinion/putin-guerra-rusia-ucrania.html>.

104. Puigdemont, Oriol, «Australia aprueba una ley pionera para que Facebook y Google paguen a los medios por las noticias», *El País*, <https://elpais.com/sociedad/2021-02-25/australia-aprueba-una-ley-pionera-para-que-facebook-y-google-paguen-a-los-medios-por-las-noticias.html>.

7

Poder de colaboración: la fuerza detrás del éxito

> El talento gana juegos, pero el trabajo en equipo y la inteligencia ganan campeonatos.
>
> MICHAEL JORDAN[105]

El poder individual tiene su importancia, pero su verdadero potencial emerge cuando se multiplica a través de la colaboración. A lo largo de la historia, la cooperación y la sinergia entre distintos tipos de poder han sido claves para alcanzar logros extraordinarios. En este capítulo, exploraremos cómo el poder de la colaboración puede transformar tu vida personal y profesional, y te ofreceremos estrategias para construir alianzas sólidas que generen un impacto positivo y duradero.

7.1. Entender el poder de colaboración

Como destaca la antropóloga Margaret Mead en *Cooperation and competition among primitive peoples*,[106] ya desde las rela-

105. Jordan, Michael; y Miller, Sandro, *I can't accept not trying: Michael Jordan on the pursuit of excellence*, Harper San Francisco, Nueva York, 1994.

106. Mead, Margaret, *Cooperation and competition among primitive peoples*, Routledge, Nueva York, 2002.

ciones humanas más básicas, la colaboración estratégica ha sido un factor clave para el éxito. La asociación planificada multiplica el poder individual. Al unir diferentes tipos de poder, se crea una sinergia transformadora que potencia la eficiencia, la innovación y el impacto. Personas, empresas y naciones logran más juntas que por separado, creando un ecosistema donde el todo es superior a la suma de sus partes.

7.2. Tipos de colaboración: impulsando el potencial colectivo

La colaboración puede tomar diversas formas, dependiendo de la naturaleza de la interacción entre los diferentes tipos de poder implicados:

- **Colaboración complementaria:** se produce entre poderes de la misma naturaleza (como serían dos empresas del mismo sector) para potenciar sus recursos y capacidades. La interacción entre las partes es sinérgica, cada una aportando sus fortalezas específicas para alcanzar un objetivo común. Ejemplo: dos empresas biotecnológicas se alían para desarrollar una nueva terapia genética, combinando sus conocimientos y recursos para lograr un avance significativo.
- **Colaboración estratégica:** tiene lugar entre poderes de diferente naturaleza, como el económico y el político, para alcanzar objetivos estratégicos comunes. La interacción entre las partes es coordinada, con una planificación a largo plazo. Ejemplo: una gran empresa invierte en un partido político para influir en las políticas económicas del país; de este modo, el poder económico se emplea para ejercer control sobre el poder político.
- **Colaboración por influencia:** se produce cuando un poder ejerce su influencia sobre otro para alcanzar un objetivo específico. La interacción entre las partes es asimétrica, con un poder dominante que induce o persuade al otro a actuar

en su beneficio. Ejemplo: un preponderante grupo de presión (poder social) influye en el gobierno (poder político) para modificar una legislación mediante campañas de concienciación, movilización ciudadana y presión pública.

7.3. Construir alianzas para el éxito

Construir alianzas sólidas requiere una estrategia cuidadosamente planificada que maximice la eficiencia y el impacto. Para ello, sigue estos cinco pasos:

1. **Identificación de aliados estratégicos:** la colaboración comienza con la búsqueda de aliados cuyas fortalezas complementen las tuyas. Detalla las habilidades y los recursos necesarios para alcanzar el objetivo. Un análisis preciso de tus puntos fuertes y debilidades te ayudará a identificar a los socios más adecuados.
2. **Construcción de relaciones sólidas:** la confianza es la base de cualquier colaboración exitosa. Se requiere comunicación clara, transparencia y un compromiso mutuo, donde el poder comunicativo y emocional son claves. Cultiva relaciones duraderas basadas en el respeto, la honestidad y la reciprocidad.
3. **Definición de objetivos comunes:** un acuerdo claro sobre objetivos, roles y responsabilidades es vital para evitar conflictos y maximizar la eficiencia. La planificación estratégica y el poder institucional ayudan a especificar los pasos.
4. **Distribución equitativa de los beneficios:** asegurar que la colaboración sea beneficiosa para todas las partes es esencial para mantener la motivación y el compromiso a largo plazo, donde el poder económico y social juegan un papel crucial. Define una fórmula de reparto justa y transparente que motive a todos los participantes a contribuir al éxito del proyecto.
5. **Establecimiento de mecanismos de monitoreo y con-**

trol: para garantizar la transparencia y la rendición de cuentas, es necesario implementar sistemas que monitoreen el progreso. El poder institucional desempeña un rol central en la creación de estos mecanismos. Concreta plazos, reuniones periódicas y métodos de *reporting* para evaluar el progreso y tomar decisiones en función de los resultados obtenidos.

7.4. Casos de estudio

Caso 1. Colaboración complementaria en el sector tecnológico: piensa en la alianza entre dos empresas de software (poder tecnológico) que deciden unirse para desarrollar un nuevo sistema operativo. ¿Cómo se complementan sus poderes? ¿Qué estrategias utilizan para forjar una asociación efectiva?

Caso 2. Colaboración estratégica en el ámbito social: un ayuntamiento (poder político), una empresa de transporte (poder económico) y una asociación ciclista (poder social) colaboran para crear un sistema de movilidad sostenible. El ayuntamiento proporciona infraestructuras, la empresa, autobuses eléctricos, y la asociación promueve el uso de la bicicleta. ¿Cómo se entrelazan los poderes para conseguir este impacto positivo? ¿Qué estrategias se implementan?

Caso 3. Colaboración por influencia para la mejora de la educación en zonas rurales: una organización (poder social) presiona a una empresa tecnológica (poder económico) para donar equipos a una escuela en una zona desfavorecida. La organización usa su poder comunicativo para lograr este objetivo. ¿Cómo ejerce la entidad su influencia? ¿Cómo se articulan los poderes para lograr este objetivo?

Conclusión

El poder de la colaboración es una fuerza transformadora que impulsa el éxito tanto a nivel personal como organizacional. Al comprender los distintos tipos de cooperación y poner en práctica estrategias efectivas, puedes forjar alianzas sólidas, maximizar tu influencia y crear un impacto significativo en tu comunidad y más allá. Recuerda que el éxito colaborativo se fundamenta en la confianza, la comunicación efectiva y un compromiso compartido.

8

Conflictos de poder: soluciones inteligentes

> El poder siempre genera resistencia; y esa resistencia es más real y efectiva en el mismo lugar donde se ejerce el poder.
>
> MICHEL FOUCAULT[107]

El poder es una fuerza omnipresente que moldea nuestras relaciones, tanto personales como profesionales. Aunque hemos examinado su capacidad para impulsar, construir y colaborar, también es crucial reconocer su lado oscuro: el conflicto. En la sección anterior sobre las interrelaciones de poder, analizamos las tensiones inherentes a éste. Los conflictos son inevitables, y la habilidad para gestionarlos con ética e inteligencia se convierte en un factor clave para el éxito en cualquier ámbito de la vida. Este capítulo se centra en las estrategias para manejar y resolver eficazmente las disputas de poder, proporcionándote las he-

107. Foucault, Michel, *Microfísica del poder*, traducción de Julia Varela y Fernando Álvarez-Uría, Las Ediciones de la Piqueta, 2.ª edición, Madrid, 1979, p. 171.

rramientas necesarias para transformar los desafíos en oportunidades.

8.1. Comprender los conflictos de poder

Como señala Christopher W. Moore en *El proceso de mediación: métodos prácticos para la resolución de conflictos,*[108] desentrañar las dinámicas subyacentes a los conflictos y aplicar técnicas de mediación adecuadas pueden transformar las tensiones en oportunidades para el entendimiento mutuo. Las fricciones surgen de la intersección de intereses, recursos y visiones. En el mundo del poder, estos enfrentamientos pueden tomar diversas formas, desde disputas personales hasta guerras internacionales. La clave para una resolución efectiva reside en la comprensión de la raíz del conflicto: ¿qué tipo de poder está en juego? ¿Cuáles son los intereses contrapuestos en cada parte? ¿Existen diferencias en la percepción o interpretación de la situación? Identificar estos factores es el primer paso para encontrar una solución.

8.2. Tipos de conflictos: navegando las complejidades del poder

Los conflictos de poder se pueden clasificar en función de su naturaleza y de los poderes involucrados:

- **Conflictos de recursos:** surgen de la competencia por bienes limitados, como territorio, agua, petróleo o tecnología. Estos conflictos se centran en determinar quién controla estos recursos vitales. Ejemplo: las disputas internacionales por el acceso a yacimientos de petróleo, donde diversos países compiten por maximizar su control sobre estos acti-

108. Moore, Christopher W., *El proceso de mediación: métodos prácticos para la resolución de conflictos*, Granica, Barcelona, 1995.

vos cruciales, subrayando cómo el poder económico y estratégico alimentan estas tensiones.

- **Conflictos de intereses:** se producen cuando dos o más partes persiguen objetivos incompatibles que no necesariamente requieren recursos limitados para existir. En estos casos, las necesidades o aspiraciones se perciben como mutuamente excluyentes, incluso cuando hay suficiente para todos. Ejemplo: en negociaciones salariales, la empresa y los trabajadores defienden posturas opuestas en cuanto a condiciones laborales y costos, evidenciando cómo intervienen el poder económico y social en el desacuerdo.
- **Conflictos de comunicación:** surgen de malentendidos y de la falta de claridad en los mensajes, creando tensiones no intencionadas entre las partes. Ejemplo: en un equipo de proyecto, las distintas interpretaciones de los objetivos subrayan cómo el poder comunicativo puede tanto aumentar como resolver discrepancias internas.
- **Conflictos culturales:** nacen de diferencias en valores y creencias, con un enfoque en la defensa de identidades culturales o étnicas amenazadas. Ejemplo: las demandas de pueblos indígenas para preservar su legado frente a políticas estatales homogeneizadoras, reflejando el choque entre el poder cultural y el político.
- **Conflictos de autoridad:** emergen de luchas por el control y la influencia, abarcando dinámicas de dominación y resistencia frente a una autoridad establecida o desequilibrio de poder. Ejemplo: las movilizaciones sociales contra un régimen autoritario intentan transformar las estructuras dominantes, ilustrando el enfrentamiento entre el poder social ciudadano y el poder político opresor.
- **Conflictos estructurales:** resultan de desigualdades sistémicas en las estructuras sociales, económicas o políticas que perpetúan exclusiones e injusticias. Ejemplo: las protestas por la inclusión laboral de personas con discapacidad subrayan la urgencia de reformar las políticas públicas para promover la equidad y la justicia.

8.3. Estrategias para la gestión y resolución de conflictos

Dominar los conflictos de poder requiere una estrategia bien definida que te permita identificar la naturaleza del enfrentamiento, anticipar las reacciones y aplicar los diferentes tipos de poder de manera efectiva. Veamos cinco estrategias clave para la resolución de conflictos:

1. **Negociación:** un diálogo constructivo persigue un acuerdo mutuamente beneficioso. La preparación, la comunicación clara y la empatía son fundamentales para maximizar la influencia. La flexibilidad y la disposición para llegar a un consenso son esenciales, especialmente en situaciones de conflictos de intereses.
2. **Mediación:** un mediador neutral facilita la comunicación, guiando a las partes hacia una solución consensuada. La neutralidad y la capacidad de generar confianza y empatía son factores claves para el éxito. Muy útil en conflictos de comunicación y culturales.
3. **Arbitraje:** un árbitro imparcial toma decisiones basadas en las pruebas presentadas. La transparencia y la imparcialidad son esenciales para asegurar la legitimidad y aceptación de su fallo. Este método es especialmente útil en conflictos de autoridad y estructurales.
4. **Teoría de juegos:** esta herramienta te permite predecir el comportamiento de tus rivales y optimizar tus decisiones en situaciones de conflicto. Al anticipar los movimientos del oponente, podrás diseñar estrategias que maximicen tus posibilidades de éxito. Es especialmente útil en disputas donde los recursos son limitados y la competencia es intensa.
5. **Análisis de escenarios:** este método es esencial para gestionar tensiones complejas o estructurales. Toma en cuenta diversos factores (sociales, económicos, políticos y culturales) para mapear contextos y planificar acciones adecuadas. Resulta particularmente útil en situaciones

donde el conflicto involucra a múltiples actores o tiene un impacto significativo.

8.4. Casos de estudio

Caso 1. Negociación colectiva en el sector industrial: analicemos un escenario en el que una empresa manufacturera y un sindicato de trabajadores están en la mesa de negociaciones para establecer un nuevo convenio colectivo. Este contexto resalta los conflictos de intereses, enfrentando el poder económico de la empresa con el poder social del sindicato. ¿Qué técnicas de negociación podrían resultar más efectivas para alcanzar un acuerdo beneficioso para ambas partes?

Caso 2. Resolución de conflictos en la administración pública: examinemos una tensión en un ayuntamiento que involucra el poder político, institucional y social durante un proyecto de urbanismo. Este contexto ejemplifica tanto conflictos de autoridad como de comunicación. ¿Cómo se utilizan los canales de comunicación para esclarecer posiciones y resolver desacuerdos? ¿Qué papel desempeñan la mediación y el arbitraje en este proceso?

Conclusión

Los conflictos de poder son inevitables, pero una gestión adecuada es crucial para el éxito. Comprender su naturaleza y dominar las estrategias de resolución, junto con la aplicación experta de los diferentes tipos de poder, puede transformar los desafíos en oportunidades y permitirte emerger más fuerte en tus relaciones personales y profesionales. ¡Recuerda que la clave de las soluciones reside en la inteligencia, la anticipación y la ética!

9

Carisma: potenciar poderes para influir

> ¿Que por qué tenemos tanto éxito, nena? Está claro, por mi carisma.
>
> FREDDIE MERCURY[109]

El carisma es una fuerza magnética, una cualidad enigmática que fascina y motiva a las personas a unirse en torno a un propósito compartido. A lo largo de la historia, líderes carismáticos como Nelson Mandela, Martin Luther King Jr. y Mahatma Gandhi han demostrado que este atributo puede ser más poderoso que la fuerza bruta, capaz de movilizar masas y generar cambios que transforman sociedades enteras. Hemos explorado las dinámicas del poder, la colaboración y la resolución de conflictos; ahora revelamos el poder del carisma, una fascinante atracción que surge de la combinación estratégica de diferentes tipos de poder, y cómo potenciarlo para generar una influencia significativa.

109. Esta frase, atribuida a Freddie Mercury, carece de un origen documentado. Si bien refleja su carisma y su personalidad extravagante, es posible que derive de anécdotas y entrevistas. A pesar de ello, ha sido ampliamente difundida y se asocia con su impacto en la música y la cultura popular.

9.1. El secreto para desatar tu carisma

El carisma no es un don mágico reservado a unos pocos elegidos; se cultiva con dedicación y práctica. Surge del desarrollo excepcional de alguno de los 10 tipos de poder. Cuando una persona ejerce estos poderes de manera sobresaliente y, además, logra combinarlos de forma creativa, se convierte en un faro de inspiración para los que la rodean. Así, el carisma se revela como una fusión original y auténtica de diversas fuentes de poder, manifestándose como una expresión concentrada que se potencia a través de la percepción pública y la interacción social. El constante reconocimiento de sus seguidores, como señala Max Weber en *Sociología del poder*,[110] es esencial para que ese carisma irradie toda su energía.

9.2. Carisma constructivo y destructivo: dos caras de la misma moneda

El carisma, al igual que el poder, puede ser tanto constructivo como destructivo, dependiendo de los valores éticos que lo guíen. Es crucial discernir entre ambos:

Carisma constructivo: se basa en la autenticidad, la integridad y el compromiso con el bien común. Los líderes con carisma constructivo inspiran a otros a alcanzar su máximo potencial, defienden la justicia social y generan un impacto positivo en el mundo. Ejemplos destacados son:

- **Lionel Messi:** su carisma proviene de su poder biológico y estratégico en el fútbol, junto a su poder emocional que le permite conectar con millones de personas gracias a su sencillez, dedicación y humildad.
- **Elon Musk:** su carisma se apoya en su poder económico, tecnológico y estratégico, visualizando el futuro y estableciendo conexiones con aspiraciones colectivas.

110. Weber, Max, *Sociología del poder*, Alianza Editorial, Madrid, 2023, pp. 131-140.

- **Shakira:** su carisma emana de su poder cultural, biológico y emocional, que en conjunto le otorgan una energía especial en el escenario para forjar vínculos auténticos con sus fans.

Con estas figuras, podemos ver cómo el carisma constructivo se traduce en inspiración y liderazgo eficaz.

Carisma destructivo: consiste en la manipulación, el engaño y la búsqueda egoísta del poder personal. Los líderes carismáticos destructivos explotan las emociones de los demás, promueven ideologías extremistas y causan daño a la sociedad. Ejemplos notables incluyen:

- **Charles Manson:** su carisma se basó en su poder emocional para manipular a sus seguidores y en su poder comunicativo para articular un discurso persuasivo. Su dominio social creó una comunidad aislada que reforzó su control. Provocó que sus seguidores cometieran actos atroces.
- **Adolf Hitler:** su carisma derivó de su poder comunicativo, que movilizó masas, y su poder político, que estableció un régimen totalitario. Su influencia social propagó una visión distorsionada de grandeza nacionalista que galvanizó a la población. Condujo a Alemania a la Segunda Guerra Mundial y al Holocausto.
- **Jim Jones:** su carisma se fundamentó en su poder emocional para seducir a sus seguidores y en su poder comunicativo para construir una narrativa sobre la salvación. Su autoridad social creó un ambiente cerrado en el *Templo del Pueblo*, fomentando la dependencia y el control. Llevó a sus seguidores al suicidio colectivo de Jonestown.

Estos ejemplos ilustran cómo el carisma destructivo puede tener consecuencias devastadoras, manipulando a las personas y provocando resultados trágicos.

El carisma también se manifiesta en nuestra vida cotidiana de forma constructiva y destructiva. Por ejemplo, un líder comunitario que inspira a su vecindario mediante su poder comunicativo y cultural representa el carisma constructivo. En contraste, un vendedor que manipula a sus clientes aprovechando sus inseguridades a través de su poder emocional ejemplifica el carisma destructivo. En ambos casos, el desarrollo excepcional de estos poderes amplifica la resonancia del carisma.

¡Atención! El carisma es una fuerza extraordinaria: utilízalo sabiamente, o podrías convertirte en un artífice de la manipulación en lugar de un auténtico agente de cambio.

9.3. La alquimia del carisma: sinergia y equilibrio

El formidable impacto del carisma requiere un delicado equilibrio entre los diferentes tipos de poder para mantener su eficacia. Por ejemplo, un empresario con gran poder económico puede proyectar una imagen carismática llena de influencia y generosidad. Sin embargo, si se aventura en la política sin desarrollar su poder comunicativo ni emocional, su carisma se puede desvanecer y reducir así su capacidad de conexión e influencia. De este modo, el carisma no es un atributo aislado, sino una sinergia de poderes que debe ser cultivada y equilibrada constantemente.

De manera similar, una chef de renombre mundial utiliza su poder cultural para reinventar platos tradicionales y su poder económico para abrir restaurantes. Su carisma se nutre de su habilidad para celebrar y compartir la gastronomía local. Sin embargo, si lanza una línea de productos alimentarios sin el respaldo tecnológico y estratégico para garantizar calidad y sostenibilidad, su influencia podría verse comprometida. Para lograr un éxito duradero en nuevos mercados, necesita equilibrar su poder cultural y económico con innovación tecnológica y estratégica.

Desde una perspectiva semejante, un director de cine se destaca por su poder cultural y comunicativo, y construye su carisma a través de su magistral habilidad narrativa. Al decidir incursionar en la producción de series de televisión, se enfrenta a la necesidad de ampliar su enfoque. Para lograrlo, debe ejercer su poder social y establecer nuevas conexiones en esta industria, al mismo tiempo que aplicar estrategias de marketing efectivas. Sólo así podrá asegurar que su distintiva visión artística mantenga su estatus, a la vez que su carisma continúa vibrando con nuevos públicos.

Conclusión

Fruto del desarrollo y equilibrio de diversos tipos de poder, el carisma no sólo te brinda la oportunidad de ganar respeto e influencia, sino que también enciende una chispa mágica para movilizar a otros hacia objetivos compartidos. Recuerda que puede ser tanto constructivo como destructivo, por lo que es fundamental utilizarlo éticamente. Al cultivar tus poderes con excelencia y originalidad, garantizas un impacto duradero en tus interacciones y proyectos. Ahora que has descubierto el secreto del carisma, ¡es tu momento de brillar y dejar una huella significativa en el mundo!

10

El poder en movimiento: lecciones y reflexiones

El poder no se da, se conquista.

MALCOLM X[111]

Hasta ahora hemos analizado los diferentes tipos de poder y cómo se ejercen en la sociedad. Pero ¿cómo se ponen en práctica estas ideas? ¿Cómo se han utilizado las distintas formas de influencia a lo largo de la historia? Para comprender mejor el poder en acción, vamos a analizar algunos ejemplos inspiradores de la historia y de la actualidad. Acompáñame en un viaje a través del tiempo para descubrir las lecciones de grandes líderes, de momentos históricos clave y de figuras contemporáneas que han sabido utilizar el poder de forma estratégica.

Observa cómo las diversas formas de poder han sido herra-

111. Esta frase de Malcolm X alude a su autobiografía publicada en 1965, y refleja su filosofía sobre la lucha activa por los derechos civiles. Si bien no se presenta en sus escritos de forma literal, capta su enfoque en la búsqueda constante de justicia y autodeterminación para las comunidades afroamericanas.

mientas tanto de creación como de destrucción: han impulsado imperios, remodelado sociedades, promovido la justicia y perpetuado la desigualdad. Reflexiona sobre el inmenso potencial del poder cuando se ejerce de manera consciente y responsable, no sólo como un medio para alcanzar el éxito personal, sino también como una potente fuerza para construir un futuro más equitativo para todos.

10.1. Estudios de casos históricos

En este apartado analizaremos figuras y acontecimientos históricos que ejemplifican los 10 tipos de poder, desde el poder biológico de Alejandro Magno hasta el poder cultural de la Revolución francesa. Cada caso muestra cómo diversas formas de poder han influido en sociedades, impulsado cambios y dejado un impacto duradero en la historia. Estos estudios revelan la multifacética naturaleza del poder y su capacidad para moldear el destino humano.

1. **Poder biológico: Alejandro Magno.** No sólo conquistó vastos territorios, sino que su presencia imponente y su habilidad en el combate inspiraron lealtad entre los suyos y miedo en sus enemigos. Su liderazgo basado en la fuerza y la destreza militar lo convirtió en un ícono del poder biológico, y demostró cómo una figura carismática puede influir en la moral y la motivación de los demás.
2. **Poder emocional: Nelson Mandela.** Tras pasar veintisiete años en prisión, emergió como un símbolo de reconciliación en Sudáfrica. Su capacidad para perdonar y su enfoque en la unidad nacional, a pesar de su sufrimiento personal, ejemplifican cómo el poder emocional puede transformar sociedades y guiar a las personas hacia la paz.
3. **Poder comunicativo: Winston Churchill.** Durante la Segunda Guerra Mundial utilizó su habilidad oratoria para inspirar y motivar al pueblo británico en tiempos de crisis. Sus discursos, cargados de fervor y determinación,

galvanizaron la nación, y muestran cómo la comunicación efectiva puede influir en el espíritu colectivo.

4. **Poder social: Martin Luther King Jr.** El movimiento por los derechos civiles en Estados Unidos de la década de los sesenta, encabezado por figuras como Martin Luther King Jr., ejemplificó el uso del poder social para desafiar la segregación racial. A través de protestas y marchas, demostraron que la unión de las personas en torno a una causa común puede impulsar cambios legislativos y culturales profundos.
5. **Poder institucional: Mario Conde.** Presidente de Banesto entre 1987 y 1993, empleó su poder institucional para lograr el éxito empresarial. Su cargo en la institución financiera le brindó acceso a recursos y la capacidad de tomar decisiones estratégicas que transformaron a Banesto. Sin embargo, su uso indebido de este poder lo condujo a su condena a prisión.
6. **Poder económico: Henry Ford.** Revolucionó la industria automotriz al implementar la producción en cadena, lo que le permitió ofrecer automóviles asequibles. Su enfoque en la eficiencia y la innovación transformó no sólo su empresa, sino toda la economía estadounidense.
7. **Poder político: Mahatma Gandhi.** Utilizó la resistencia no violenta para movilizar a millones en la lucha por la independencia de la India. Su enfoque pacífico, combinado con su carisma, demostró el poder político para generar cambios a través de la acción colectiva.
8. **Poder estratégico: Julio César.** Mostró un excepcional poder estratégico al utilizar tácticas innovadoras en sus campañas militares, como en la batalla de Alesia, al sitiar a la tribu gala, a pesar de estar en desventaja numérica.[112] Su capacidad para anticipar las circunstancias y adaptar-

112. Wasson, Donald L., traducción de Rosa Baranda, «La batalla de Alesia», *World History Enciclopedia*, <https://www.worldhistory.org/trans/es/2-1734/la-batalla-de-alesia/>.

se a ellas le permitió expandir de manera efectiva el Imperio romano.

9. **Poder técnico-tecnológico: Johannes Gutenberg.** La invención de la imprenta por Johannes Gutenberg democratizó el acceso a la información y permitió la difusión de ideas y el aumento de la alfabetización. Este avance, basado en la innovación tecnológica, transformó la cultura y la educación en Europa.
10. **Poder cultural: la Revolución francesa (1789).** Alteró el paisaje sociocultural y político de Europa. Las ideas de libertad, igualdad y fraternidad, difundidas con eficacia y alineadas con las aspiraciones sociales de la época, son un claro ejemplo del poder transformador de la cultura en una sociedad.

10.1.1. Jugadas maestras: Sun Tzu y Maquiavelo en la historia de España

En la historia, la lucha por el poder ha sido un hilo conductor que impulsó a líderes y pensadores a desarrollar estrategias efectivas. Sun Tzu, el astuto estratega chino, y Nicolás Maquiavelo, el influyente filósofo renacentista, han dejado una huella indeleble en el arte de gobernar. Sus enseñanzas resuenan en momentos cruciales de la historia de España, desde la Reconquista hasta la Guerra Civil y la transición a la democracia. Este análisis se centra en cómo los principios de Sun Tzu y Maquiavelo han guiado las decisiones de líderes españoles y desentraña una narrativa rica en ambición y conflictos que sigue influyendo en la política contemporánea.

Maquiavelo y Sun Tzu en la Reconquista

La Reconquista, un proceso histórico que llevó a la expulsión de los musulmanes de la península ibérica entre los siglos VIII y XV, estuvo marcada por luchas de poder, alianzas estratégicas y manipulación política. Encabezados por figuras como Fernando III de Castilla, los Reyes Cristianos encarnaron la noción maquiavélica de que «el fin justifica los medios».[113] Motivados por el objetivo de recuperar la península, estos líderes emplearon la guerra, la manipulación y la diplomacia, a menudo con una crueldad notable, para consolidar su poder.

Fernando III de Castilla ejemplifica esta estrategia. Su habilidad para forjar alianzas y explotar las divisiones entre los reinos musulmanes le permitió expandir su dominio territorial y consolidar su posición como uno de los monarcas más influyentes de la historia española. Como Maquiavelo señala en *El príncipe*, «es mejor ser temido que amado»[114] y «un príncipe no debe ser en su carácter tan tierno que no pueda mostrar dureza cuando sea necesario»,[115] principios que resuenan en las decisiones y acciones de Fernando III. Asimismo, en *El arte de la guerra*, Sun Tzu nos recuerda que «en la guerra, la victoria pertenece al más astuto», que es aplicable a la astucia política de Fernando, que supo anticipar y adaptarse a las circunstancias cambiantes de la lucha por la península.

Maquiavelo y Sun Tzu en la Guerra Civil española

La Guerra Civil española (1936-1939) fue un conflicto brutal caracterizado por ideologías extremas y un feroz control del país. Durante este período, tanto las facciones republicanas como las nacionalistas recurrieron a una variedad de estrategias para alcanzar la victoria. Francisco Franco, líder del bando nacional, es un claro ejemplo de cómo la estrategia maquiavélica de la fuerza y la manipulación se tradujo en acción. Al igual que Maquiavelo describe en *El príncipe*, Franco no dudó en emplear la propaganda y la represión como herramientas para consolidar su poder y garantizar su dominio a través del miedo. Sun Tzu también resuena aquí cuando afirma que «el

113. La frase «el fin justifica los medios» no aparece textualmente en *El príncipe*. Sin embargo, comúnmente se asocia con la obra de Maquiavelo porque capta la esencia de su argumento: los líderes deben estar dispuestos a usar cualquier medio necesario, incluso inmoral, para mantener el poder y proteger al Estado.

114. Maquiavelo, Nicolás, *El príncipe*, *op. cit.*, p. 56.

115. Ibídem, p. 75.

que quiere vencer debe tener la fuerza de su enemigo a su servicio»,[116] lo que sugiere que Franco manipuló las circunstancias y aprovechó en su favor las debilidades de sus oponentes.

Maquiavelo y Sun Tzu en la Transición española

Tras la muerte de Franco en 1975, la transición a la democracia en España constituyó un proceso complejo, repleto de negociaciones y la reconciliación de una sociedad dividida. Figuras como Adolfo Suárez, el primer presidente del gobierno democrático de España, emplearon la astucia política y una notable capacidad de concentración para lograr sus objetivos en este nuevo panorama. Su habilidad para aparentar virtudes, tal como recomienda Maquiavelo, y su talento para crear alianzas y fomentar el consenso entre distintas fuerzas políticas reflejan un enfoque pragmático y estratégico en la gobernanza.

En este sentido, Sun Tzu complementa esta narrativa con su afirmación de que «el supremo arte de la guerra es someter al enemigo sin luchar».[117] Esta reflexión destaca la relevancia de la negociación y la persuasión en la política, en la que la victoria puede alcanzarse a través de la comprensión y la colaboración, y evitar conflictos destructivos. La destreza de Suárez para navegar en el intrincado paisaje político durante la Transición demuestra que el liderazgo efectivo se basa tanto en la estrategia como en la capacidad de construir puentes entre adversarios.

10.2. Lecciones de líderes actuales

En este apartado analizaremos figuras contemporáneas que representan los 10 tipos de poder, desde el poder biológico de Rafa Nadal hasta el poder cultural de Beyoncé. Resaltando la capaci-

116. La frase no aparece de manera literal en *El arte de la guerra*, pero refleja las ideas de Sun Tzu sobre estrategia y manipulación, que enfatiza la importancia de conocer al enemigo y aprovechar sus fuerzas y debilidades.

117. Sun Tzu, *El arte de la guerra*, *op. cit.*, cap. III, «Estrategia ofensiva», III.

dad transformadora del liderazgo en el mundo actual, cada líder demuestra cómo diversas formas de poder pueden influir en la sociedad y generar cambios significativos.

1. **Poder biológico: Rafa Nadal.** El «rey de la tierra batida» no sólo ha conquistado 22 títulos de Grand Slam con su fuerza y habilidad físicas, sino que también ha inspirado a millones de personas con su determinación y su espíritu indomable. Su poder biológico se traduce en una pasión incansable por el deporte, una capacidad de superar obstáculos y una presencia que llena de energía cada cancha.
2. **Poder emocional: Marian Rojas Estapé.** La psicóloga y autora española es un ejemplo de cómo el poder emocional puede transformar vidas. Con su enfoque en el bienestar emocional y la búsqueda de la felicidad ha ayudado a miles de personas a conectar con su propia plenitud, y demostró el poder de la inteligencia emocional para alcanzar la felicidad.
3. **Poder comunicativo: Simon Sinek.** El británico ha utilizado su habilidad para comunicar ideas complejas de manera clara y accesible e inspirar a líderes y organizaciones en todo el mundo. Su famoso concepto del «círculo dorado» enfatiza la importancia de comenzar con el «porqué»[118] de las acciones, lo que ha influido en el liderazgo y la cultura organizacional, y mostrado que un mensaje claro y significativo puede movilizar a las personas.
4. **Poder social: Wangari Maathai.** Activista keniana y fundadora del Movimiento Cinturón Verde, es un ejemplo notable de poder social. Empoderando a comunidades locales, su lucha por el medio ambiente llevó a plantar millones de árboles en Kenia. Maathai demostró que la influencia social puede movilizar a las personas en torno a una causa e inspirar cambios significativos a escala global.

118. Sinek, Simon, *Empieza con el porqué*, traducción de Martín Rodríguez-Courel Ginzo, Urano, Barcelona, 2018.

5. **Poder institucional: Angela Merkel.** Como canciller de Alemania, utilizó su posición en el poder institucional para abordar desafíos como la crisis de refugiados y el cambio climático. Su sólido liderazgo político ha influido en las políticas europeas y globales.
6. **Poder económico: Jeff Bezos.** Ha capitalizado su poder económico a través de Amazon para revolucionar el comercio minorista mundial. Su enfoque en la eficiencia logística y la innovación ha establecido nuevos estándares en servicio al cliente y acceso a productos, lo que generó un impacto profundo en la industria y en la sociedad.
7. **Poder político: Barack Obama.** Como primer presidente afroamericano de Estados Unidos, utilizó su autoridad política para impulsar reformas significativas en salud y derechos civiles. Su capacidad para unir a diferentes sectores de la sociedad dejó un legado duradero.
8. **Poder estratégico: Satya Nadella.** CEO de Microsoft, ha revitalizado la empresa mediante una visión estratégica centrada en la innovación y la colaboración. Su liderazgo ha transformado a Microsoft en un referente en la nube y la inteligencia artificial.
9. **Poder técnico-tecnológico: Clara Grima.** Matemática española, destaca por su uso del poder tecnológico en la divulgación científica y en la educación. Con plataformas digitales, Grima hace accesibles conceptos matemáticos complejos al público joven, demostrando que la tecnología puede ser una aliada relevante en la enseñanza.
10. **Poder cultural: Beyoncé.** Impacta con su música y activismo. Ha logrado transformar conciencias con sus letras, inspirando a millones de fans y contribuyendo al cambio social; un claro ejemplo del poder cultural que genera un efecto positivo.

10.2.1. El juego del poder: un viaje a través de las estrategias atemporales de Sun Tzu, Maquiavelo y Greene en el éxito español actual

El poder, un concepto complejo y multifacético, ha sido objeto de estudio desde la Antigüedad. Grandes pensadores como Sun Tzu, Maquiavelo y Robert Greene, con su profunda comprensión de las estrategias, la manipulación y las dinámicas del poder, han dejado un legado que en la actualidad sigue inspirando a líderes y estrategas.

Pero ¿cómo se aplican sus ideas al éxito en el mundo moderno? ¿Encontramos su huella en la vida de los españoles de éxito? A continuación estudiaremos ejemplos de personajes que han encarnado los principios de estos autores clásicos para alcanzar la cima en sus respectivos campos:

Sun Tzu: *El arte de la guerra* en el mundo empresarial
José Manuel Vargas, CEO de Aena, ha demostrado ser un líder estratégico en la gestión de aeropuertos en España. Su habilidad para anticipar fluctuaciones en la demanda de viajes, adaptarse a circunstancias globales y optimizar una extensa red de aeropuertos refleja las enseñanzas de Sun Tzu en *El arte de la guerra*. Vargas ha introducido innovaciones en la operativa aeroportuaria y ha mejorado la experiencia del pasajero en línea con la poderosa afirmación de Sun Tzu: «En la estrategia no hay lugar para la mediocridad».[119] Gracias a su liderazgo proactivo, Aena se ha consolidado como uno de los principales operadores aeroportuarios del mundo, superando a la competencia mediante eficiencia y un enfoque centrado en el cliente.

Otro ejemplo que demuestra la maestría de Sun Tzu en el ámbito empresarial es la trayectoria de Emilio Botín, el banquero que lideró el Banco Santander durante casi tres décadas. Botín se caracterizó por su habilidad para identificar oportunidades y tomar decisiones arriesgadas pero calculadas, lo que le permitió convertir a su banco en una de las instituciones finan-

119. Ibídem, cap. I, «La evaluación».

cieras más importantes del mundo. Basada en la expansión internacional y la diversificación de negocios, su filosofía se alinea con la sabiduría de Sun Tzu: «Las oportunidades se multiplican a medida que se aprovechan».[120]

Maquiavelo: la política moderna a la española

Caracterizada por su complejidad y dinamismo, la política actual en España requiere estrategias tanto astutas como firmes. En este contexto, el enfoque de Pedro Sánchez, presidente del gobierno español, ilustra las enseñanzas de Nicolás Maquiavelo: ser al mismo tiempo «zorro para reconocer las trampas» y «león para espantar a los lobos».[121]

Sánchez se manifiesta como «zorro» al reconocer las complejidades del diálogo con las fuerzas independentistas. A pesar de la firme resistencia nacionalista, ha buscado establecer canales de comunicación con líderes catalanes, consciente de que la diplomacia es esencial para evitar que las tensiones degeneren en conflictos abiertos. Su astucia política se refleja en su disposición a aceptar ciertas demandas regionales, lo que abre la puerta a un entendimiento más amplio, no obstante la controversia que estas decisiones puedan generar.

Por otro lado, su proceder de «león» se hace evidente en su firmeza ante los desafíos políticos, en especial en la defensa de la unidad de España. Sánchez ha tomado una postura contundente frente al separatismo; en situaciones de desobediencia civil, su administración ha utilizado los recursos del Estado para garantizar la cohesión nacional. Esta combinación de diálogo y firmeza demuestra que es posible enfrentar problemas complejos de manera equilibrada y asertiva.

Además, Pedro Sánchez encarna la estrategia maquiavélica de «parecer virtuoso» mientras navega por la arena política.[122]

120. La frase no aparece literalmente en *El arte de la guerra*, de Sun Tzu, pero refleja sus ideas sobre estrategia y perspicacia, y enfatiza la importancia de presionar fuerte al enemigo justo cuando surge la oportunidad adecuada.

121. Maquiavelo, Nicolás, *El príncipe*, *op. cit.*, p. 58.

122. Ibídem, p. 414.

A pesar de las críticas que recibe, ha logrado mantener su posición mediante una gestión astuta de su imagen pública, buscando generar un clima de apoyo y confianza. Su habilidad para tejer alianzas estratégicas y adaptar su discurso a las circunstancias refleja las tácticas que Maquiavelo describe en *El príncipe*. Siguiendo ese consejo, Sánchez ha sabido «aparentar virtud» ante la población, mientras que en círculos políticos se le cuestiona por su ambición y por las maniobras que emplea para permanecer en el poder.

Un ejemplo adicional de la aplicación de las enseñanzas de Maquiavelo en la política española lo encontramos en la figura de Cristina Cifuentes, que lideró la Comunidad de Madrid durante casi cuatro años. Al igual que en las descripciones de Maquiavelo en *El príncipe*, Cifuentes no dudó en utilizar la fuerza para imponer su agenda política y consolidar su posición.[123] Aunque fue criticada por su estilo directo y su capacidad para generar controversia, su estrategia le permitió ganar dos elecciones y mantener el poder. Su enfoque, que se asemeja a la máxima maquiavélica de que «el gobernante no debe dudar en usar la fuerza cuando sea necesario», puede llevar a decisiones que no siempre son éticas, pero que resultan eficaces para conservar su autoridad.

Robert Greene: *Las 48 leyes del poder* en el deporte

Rafael Nadal, el tenista español más exitoso de la historia, ha aplicado a la perfección la estrategia de «permanecer adaptable», de Robert Greene, tal como se describe en *Las 48 leyes del poder*.[124] Nadal ha sabido adaptarse a las diferentes superficies de juego, a los estilos de sus rivales, a las lesiones y a las nuevas tecnologías, lo que le ha permitido dominar la cancha durante más de dos décadas. Su capacidad para evolucionar y resurgir

123. Calleja, Ángel, «La nueva delegada del Gobierno: "La fuerza se utilizará sólo cuando sea necesaria"», *20 Minutos*, Madrid, <https://www.20minutos.es/noticia/1277750/0/cristina-cifuentes/delegada-gobierno/15-M/>.

124. Greene, Robert, *Las 48 leyes del poder*, *op. cit.*, ley número 48, p. 510.

constantemente refleja la sabiduría de Greene: «La mejor manera de protegerse es ser impredecible».[125]

La gimnasta española Almudena Cid es un ejemplo sobresaliente del poder de la adaptabilidad en el deporte, tal como lo elabora Robert Greene en *Las 48 leyes del poder*. Desde sus inicios, Cid ha demostrado una notable capacidad para reinventarse y responder a las exigencias cambiantes de su disciplina. Tras una carrera exitosa en gimnasia rítmica, se transformó en presentadora, actriz y bailarina, y mostró su versatilidad y talento en diferentes áreas. Esta habilidad para «transformar cada cambio en una oportunidad»,[126] como sugiere Greene, le ha permitido superar desafíos, convertir sus debilidades en fortalezas y consolidarse como una de las figuras más influyentes en el deporte español.

10.2.2. Indra: un estudio de caso en el poder tecnológico y la expansión global

Indra, multinacional española líder en el sector de las tecnologías de la información,[127] es un ejemplo fascinante de cómo la combinación estratégica de diversos tipos de poder ha impulsado su crecimiento y expansión global. Su éxito no se basa en un único factor, sino en la hábil interacción de su poder tecnológico, económico, institucional, estratégico y comunicativo.[128]

- **Poder tecnológico como motor:** el núcleo del éxito de Indra radica en su poder tecnológico. Su capacidad para desarrollar soluciones innovadoras en áreas como defensa, gestión del tráfico aéreo, telecomunicaciones y energía la

125. Ibídem, ley número 17, p. 51.

126. Ibídem, ley número 48, p. 510.

127. Véase la web de Indra: <https://www.indracompany.com/es>.

128. Noticias, web de Indra, «Indra Group sigue creciendo en ventas y EBIT a un ritmo de dos dígitos y mejora la rentabilidad durante los primeros nueve meses del año», <https://www.indracompany.com/es/noticia/indra-group-creciendo-ventas-ebit-ritmo-digitos-mejora-rentabilidad-nueve>.

ha consolidado como un actor clave a nivel global, atrayendo clientes en diversos sectores y regiones. Las inversiones en I+D, la protección de la propiedad intelectual y la constante actualización tecnológica son pilares esenciales de su estrategia.

- **Poder económico para la expansión:** la sólida posición financiera de Indra, junto con su capacidad para realizar inversiones estratégicas, ha facilitado su expansión internacional. Las adquisiciones de compañías en mercados diversos y la diversificación de sus servicios han sido cruciales para su crecimiento.
- **Poder institucional (legitimidad y reputación):** Indra disfruta de un reconocimiento notable tanto a nivel nacional como internacional. Su trayectoria, junto con su prestigio en calidad e innovación y su participación en foros globales, le confiere legitimidad y autoridad, atrayendo así a clientes y aliados clave.
- **Poder estratégico (visión a largo plazo y adaptación):** el éxito de Indra se basa en una estrategia a futuro y una destacada versatilidad. La empresa ha demostrado una gran flexibilidad para anticipar cambios en el mercado, ajustando su enfoque según las necesidades y circunstancias. Ha sabido capitalizar oportunidades emergentes en nuevos mercados, diversificando su cartera de clientes y productos.
- **Poder comunicativo (expresión efectiva y marca):** Indra ha logrado establecer una sólida reputación mediante una estrategia de comunicación efectiva que proyecta una imagen de innovación, solvencia y responsabilidad social. Su enfoque informativo, tanto interno como externo, es claro y coherente, adaptándose a diversas audiencias, lo que refuerza su capacidad para atraer talento, alianzas y clientes.

El caso de Indra demuestra cómo la combinación inteligente de poderes ha impulsado su crecimiento global. Este ejemplo resalta la complejidad de las dinámicas del poder y la importancia de adoptar una perspectiva multidisciplinar. Al igual que Indra, tú también puedes aprovechar la sinergia de tus propios poderes y brillar intensamente en tu sector. ¡No subestimes tu potencial para marcar la diferencia!

10.3. El poder oculto de la cultura: Sun Tzu, Maquiavelo y Greene en la tradición española

Más allá de las estrategias políticas, las batallas militares y las guerras por el poder económico, existe un poder silencioso que moldea la historia y la vida de las sociedades: el poder de la cultura. ¿Cómo se refleja este poder en la tradición española? ¿Encontramos en la cultura española las huellas de los grandes estrategas, aquellos que, como Sun Tzu, Maquiavelo y Robert Greene, nos han enseñado a navegar el complejo mapa del poder? En esta sección descubriremos cómo la cultura española ha sido testigo de la aplicación de las diferentes vías de influencia, desde la tauromaquia hasta el fútbol contemporáneo. Prepárate para un viaje fascinante en el que las tradiciones, las artes, la gastronomía, la moda y el deporte se transforman en herramientas de poder.

10.3.1. Sun Tzu en la arena: El arte de la guerra *en la tauromaquia española*

La tauromaquia, el arte de la lidia, es mucho más que una simple tradición española. Es un espectáculo que combina destreza, valor y estrategia, y ha inspirado a numerosos artistas, escritores y pensadores. Sun Tzu, el maestro chino de la estrategia militar, en *El arte de la guerra* escribió sobre la importancia de la inteligencia, la planificación y la adaptabilidad para alcanzar la victoria.

Pero ¿cómo se pueden aplicar las enseñanzas de Sun Tzu a la tauromaquia? De manera sorprendente, los toreros más exitosos, como Joselito «el Gallo» o Manolete, han encarnado los principios de Sun Tzu sin ser conscientes de ello.

- **Conoce al enemigo y conócete a ti mismo:** un torero que pretende triunfar en la arena debe conocer a la perfección al toro con el que se enfrenta. Debe estudiar sus movimientos, su temperamento y su fuerza. Al mismo tiempo, el torero necesita ser consciente de sus propias fortalezas y debilidades, sus puntos fuertes y débiles. Sin ese conocimiento, la batalla está perdida.
- **La importancia de la adaptación:** cada toro es diferente, cada corrida es única, y la estrategia del torero debe adaptarse a las circunstancias. Si se aferra a una estrategia rígida, puede ser superado con facilidad por un animal impredecible. El matador que sabe ajustarse, que puede improvisar y que se mueve con flexibilidad tiene más probabilidades de éxito.
- **El terreno y la estrategia:** la plaza de toros es el escenario de combate. El torero debe calcular los espacios con precisión, cada punto estratégico en cada posición, para poder anticipar los movimientos del toro. Su estrategia debe estar perfectamente diseñada para aprovechar al máximo sus habilidades y minimizar el riesgo de ser corneado.

Los toreros más exitosos son los que, de forma intuitiva, han aplicado los principios de Sun Tzu para triunfar en la arena, demostrando que esta sabiduría milenaria trasciende batallas y se aplica a la vida misma.

10.3.2. El plato del poder: un recetario de éxito según Robert Greene

Con su riqueza y variedad, la gastronomía española es un claro ejemplo de cómo se puede mantener el poder cultural a través de la innovación constante. Grandes chefs como Ferran Adrià y Joan Roca han revolucionado la cocina española no sólo manteniendo la tradición, sino también reinterpretándola y fusionándola con nuevas ideas y sabores para crear platos que son verdaderas obras de arte.

En un mundo globalizado, esta capacidad de reinventarse y adaptarse a los nuevos gustos y tendencias es fundamental para el éxito, tal como Robert Greene lo describe en *Las 48 leyes del poder*. Ferran Adrià, el pionero de la cocina molecular, ha logrado fusionar la tradición culinaria española con técnicas innovadoras para crear una experiencia gastronómica única que ha cautivado al mundo. Este tipo de innovación, basada en la «reinvención» y la «transformación» puede considerarse una aplicación de la ley 25 de Greene: «Para vencer, procure recrearse permanentemente»,[129] modificando así la percepción de la gastronomía española.

Pero ¿qué sucede cuando el objetivo no sólo es cambiar la percepción, sino también dominar el mercado y convertirte en un referente global? Aquí se vuelve fundamental la ley 28 de Greene: «Sea audaz al entrar en acción».[130] Al atreverse a introducir sabores y técnicas totalmente nuevos, como la cocina molecular o la deconstrucción, estos chefs han logrado cautivar al público y hacerlo disfrutar de experiencias gastronómicas inesperadas e innovadoras que han puesto a temblar a la competencia.

En definitiva, la gastronomía española es un claro ejemplo de cómo se puede mantener el poder mediante la innovación constante, la adaptabilidad a nuevas tendencias y el conocimiento de las necesidades del público tal como lo describe Robert Greene en *Las 48 leyes del poder*. A través de estas estrategias, la cocina española se ha reinventado y ha logrado consolidar su posición de liderazgo en el mundo.

10.3.3. Redefinir el estilo: la moda española reinventa la tradición con Sun Tzu y Greene

Lejos de ser sólo una industria, la moda española es el espejo vibrante de la cultura y la historia del país. Con un legado que combina los más finos tejidos tradicionales y los últimos gritos

129. Greene, Robert, *Las 48 leyes del poder*, *op. cit.*, ley número 25, p. 248.
130. Ibídem, ley número 28, p. 289.

de la innovación, ésta se presenta como un crisol creativo que refleja la adaptabilidad del pueblo español.

Más allá de Zara

Aunque Amancio Ortega es un referente global indiscutible, la moda española ha visto florecer en años recientes a diseñadores como Palomo Spain, Juan Vidal y Ágatha Ruiz de la Prada. Con su estilo audaz y único, han logrado captar la atención mundial y llevar la tradición a nuevas alturas. Su enfoque no sólo reimagina la moda, sino que también establece una conexión emocional con los consumidores, una estrategia que resuena en la esencia de la ley 8 de Robert Greene: «Haga que la gente vaya hacia usted utilizando la carnada adecuada».[131]

Inditex, un ejemplo de maestría estratégica

La trama de Inditex se enreda con la historia de éxito empresarial. Más que una simple marca, ha forjado una identidad global que logra adaptarse a los cambios del mercado. La rapidez de respuesta en su modelo de negocio les ha permitido introducir productos con una cadencia casi vertiginosa y crear una sensación de urgencia en el consumidor. En *El arte de la guerra*, Sun Tzu nos recuerda: «El que conoce el terreno, conoce a su enemigo y a sí mismo, no tiene que temer el resultado de cien batallas».[132] Esta sabiduría se manifiesta en la manera en que Inditex estudia constantemente los deseos del cliente para lanzar colecciones que satisfacen sus expectativas y necesidades.

Reinventarse para mantenerse en la cima

La innovación, aunque fundamental, no es suficiente por sí sola. La capacidad de Inditex para reinventarse constantemente le ha permitido adaptarse de manera efectiva a nuevos mercados, tendencias y tecnologías. Mientras que las modas pueden cambiar con rapidez, la vertiginosa agilidad de la empresa la coloca un paso

131. Ibídem, ley número 8, p. 101.

132. Sun Tzu, *El arte de la guerra*, *op. cit.*, cap. III, «Estrategia ofensiva», XXXI.

por delante de la competencia. Como enfatiza Robert Greene en *Las 48 leyes del poder*: adaptar las estrategias y «cambiar las reglas del juego»[133] son esenciales para permanecer en la cúspide del sector. La marca ha logrado consolidar su posición de liderazgo al integrar estas tácticas en su filosofía empresarial y mantener así su relevancia en la industria.

10.3.4. La nueva ola del cine español: un reflejo de la sociedad en el espejo de Greene

Una vez dominado por la industria comercial, el cine español ha experimentado una transformación hacia un cine social y político que no sólo entretiene, sino que también reflexiona sobre la sociedad. Con una mirada fresca y crítica, esta nueva ola de cineastas ha captado la atención del público y la crítica, lo que nos lleva a preguntarnos: ¿cómo se han aplicado las estrategias de Robert Greene en las historias que cuentan?

En sus películas se pueden observar ejemplos de las estrategias de manipulación y control social que Robert Greene describe en *Las 48 leyes del poder*. Por ejemplo, la película de Amenábar *Tesis* (1996) muestra cómo una joven estudiante, en su búsqueda de la verdad, se ve envuelta en situaciones donde la astucia y ciertas tácticas sutiles de manejo de la información y las relaciones adquieren un papel importante. También se puede observar en *La comunidad* (2002), de Álex de la Iglesia, en la que la trama se desarrolla en torno a un grupo de vecinos que se enfrentan a las consecuencias de un juego de engaño y poder que termina por destruirlos a todos. *Celda 211* (2009), de Daniel Monzón, nos muestra la lucha de un preso por sobrevivir en un entorno hostil en el que la manipulación y el poder son las herramientas principales para salir ileso.

Al igual que la dinámica de poder, el cine español está lleno de matices y de estrategias. En sus historias podemos encontrar las enseñanzas de Robert Greene sobre la manipulación, el con-

133. Greene, Robert, *Las 48 leyes del poder*, *op. cit.*, ley número 48, p. 510.

trol y la astucia, lo que demuestra la complejidad y la fascinación que encierra el poder en la sociedad.

10.3.5. Tiquitaca: la danza estratégica en el corazón del fútbol español

La selección española de fútbol, tanto masculina como femenina, ha cautivado al mundo con su distintivo estilo de juego: el tiquitaca. Caracterizado por pases cortos, movimientos rápidos y una posesión constante del balón, este enfoque va más allá de ser una simple técnica; se convierte en una danza estratégica que refleja los principios de astucia y control que enseñan Sun Tzu y Robert Greene. Al igual que en *El arte de la guerra*, la filosofía del tiquitaca se fundamenta en el dominio de la posición y la paciencia para desgastar al adversario con movimientos calculados que generan oportunidades en el terreno de juego.

En este contexto, los jugadores españoles se transforman en verdaderos estrategas. Su capacidad para anticipar las jugadas y leer los movimientos del rival es crucial. La filosofía de Sun Tzu resuena con el espíritu del juego español: «Ser como el agua, que se adapta y fluye; conoce el terreno, moldéate y haz que el adversario se sienta perdido en tus corrientes».[134] Esta metáfora se manifiesta en el tiquitaca, en el que la adaptabilidad y el control se convierten en elementos clave. Al igual que el agua que encuentra su camino a través de las rocas, los jugadores españoles despliegan una visión estratégica que desarma a sus oponentes y convierte cada pase en una oportunidad para el hueco y el triunfo.

Además, Robert Greene enfatiza la necesidad de actuar con estrategia y deliberación. La perfecta sincronización del equipo encarna su idea de «planifique sus acciones de principio a fin, teniendo en cuenta todas las consecuencias posibles».[135] De esta manera, el tiquitaca no sólo se convierte en un símbolo de estilo,

134. Sun Tzu, *El arte de la guerra*, *op. cit.*
135. Greene, Robert, *Las 48 leyes del poder*, *op. cit.*, ley número 29, p. 299.

sino en una doctrina de control mental sobre el rival para someterlo en su propio campo y amplificar el dominio de juego.

Las selecciones masculina y femenina, campeonas del mundo, han demostrado que este estilo no sólo es eficaz para alcanzar la victoria, sino que también se convierte en una forma de arte en sí misma. Con cada pase y movimiento, la esencia de su juego se entrelaza con la estrategia, recordándonos que en el fútbol, como en la vida, el poder y la astucia son fundamentales para el éxito. Así, el tiquitaca se erige como un poderoso símbolo del legado cultural español, en el que la estrategia se fusiona con la pasión e imprime una huella que trasciende el campo.

Conclusión

Aquellos que dominan las estrategias del poder impactan en nuestra realidad y dejan un legado imborrable en la historia y en nuestro presente. Reflexionar sobre estas dinámicas de actuación nos invita a usar nuestro poder de manera consciente y responsable, no sólo para nuestra realización personal, sino también para mejorar el mundo que nos rodea. ¡Aprende, aplica, ejercita el poder y consigue victorias!

11

Navegar por el poder: tu mapa hacia el éxito

> En el laberinto del poder, sólo el mapa de las influencias interconectadas puede guiarte hacia el éxito.
>
> Anónimo

El ejercicio del poder no es unidimensional. Individuos, empresas, instituciones y Estados interactúan continuamente en una red de fuerzas e influencias que configuran la realidad que habitamos. Con el conocimiento de los distintos tipos de poder, podemos trazar un «mapa del poder», un esquema que no es geográfico, sino estratégico, en el que identificamos los poderes que tenemos, los que podemos potenciar y los que están en nuestra contra.

Este mapa nos ayuda a comprender nuestro entorno y a proyectar nuestro crecimiento personal y profesional. Al alinear nuestras acciones con la forma en que interactúan los diferentes poderes (los que ejercemos y los que enfrentamos), recorreremos un camino más claro hacia el éxito. A continuación, analizaremos ejemplos de cómo diferentes actores cotidianos usan el poder de manera estratégica, incrementan su influencia y logran avanzar en sus objetivos. ¡Presta atención, porque tú también podrías ser parte de estas historias!

11.1. La empresaria de un centro de belleza

María tiene un sueño: fundar su propio centro de estética en su ciudad. Enfrenta desde el inicio varios desafíos, como la falta de capital y conexiones en el sector. Sin embargo, posee un gran poder técnico, adquirido a través de años de formación en tratamientos de belleza.

A medida que se embarca en su proyecto, María potencia su poder estratégico. Sabe que no basta con ser buena en su oficio; también debe entender el entorno local. Realiza estudios de mercado para identificar a su público objetivo y se alía con proveedores regionales, y adquiere así cierto poder institucional, ya que comienza a construir relaciones clave.

La empresaria también debe enfrentarse a competidores establecidos en la ciudad, lo que podría haberla desalentado. Sin embargo, María contrarresta estos poderes económicos con estrategias de diferenciación, como la implementación de tecnologías innovadoras en sus servicios, lo que le otorga un poder tecnológico superior al de sus rivales.

Con el tiempo, su centro se convierte en un referente. María no sólo ha construido poder económico a través del crecimiento de su negocio, sino que también ha ejercido un poder cultural al promover nuevos estándares de belleza y bienestar en su comunidad. Utilizando un mapa estratégico del poder que le permitió alcanzar su objetivo, ha conseguido un equilibrio eficaz entre las fuerzas que controla y aquellas que enfrenta.

11.2. El político en ascenso

Martín, un ambicioso político, comienza su carrera en un pequeño partido local. Aunque al inicio no cuenta con poder institucional ni recursos económicos, destaca por su carisma y habilidad comunicativa; es un orador talentoso que conecta profundamente con las preocupaciones de la comunidad.

Su poder cultural se manifiesta en su capacidad para alinearse con las corrientes ideológicas locales y defender políticas progresistas en una comunidad que anhela un cambio social. Utiliza esta narrativa para generar apoyo público, lo que le permite atraer aliados en el partido y consolidar su poder institucional.

Al enfrentarse a elecciones, Martín recurre al poder económico, no porque cuente con grandes recursos, sino porque logra movilizar a pequeños donantes. Éste es un ejemplo de cómo un poder aparentemente débil, con unos medios limitados, puede ser potenciado de manera estratégica y multiplicar su impacto a través de microdonaciones.

Además, comprende la importancia del poder tecnológico. Implementa campañas digitales innovadoras y aprovecha las redes sociales y el análisis de datos para maximizar su impacto electoral. Gradualmente, su crecimiento en poder institucional y cultural lo impulsa a posiciones de mayor relevancia, y se convierte en un referente en su ciudad.

11.3. El luchador de karate

Juan es un karateka que comienza su carrera deportiva en competiciones locales. Su principal poder es el biológico: su fuerza, velocidad y habilidad son superiores a las de sus oponentes. Sin embargo, a medida que compite en torneos, se da cuenta de que esto no es suficiente. Necesita adquirir un poder estratégico que le permita anticipar los movimientos de sus rivales y explotar sus debilidades.

Además, Juan trabaja en su poder institucional. Se une a un club deportivo reconocido, del que recibe apoyo en forma de entrenamiento especializado y conexiones con patrocinadores. Estos vínculos le dan acceso a mejores competencias y oportunidades.

A medida que avanza, Juan también utiliza su poder tecnológico. Se entrena con equipos avanzados de análisis de movimiento y biomecánica para optimizar su rendimiento. Su carrera progresa, y con cada victoria adquiere mayor poder cultural en su comunidad, e inspira a otros jóvenes deportistas a seguir sus pasos.

11.4. El entrenador de fútbol

Carlos, un joven entrenador de fútbol, comienza su carrera en un equipo juvenil de su ciudad. Al principio, su poder institucional es limitado, pues no tiene un historial de éxitos ni conexiones en las ligas profesionales. Sin embargo, utiliza su poder estratégico en la planificación de movimientos y habilidades de sus jugadores. Aunque en algunos momentos el trabajo se le hace muy cuesta arriba, siempre aplica el poder emocional interno para automotivarse, centrarse y seguir adelante.

Con el tiempo, Carlos sigue incrementando su poder estratégico, y ajusta sus métodos de entrenamiento y los adapta a cada equipo rival. También establece relaciones con otros entrenadores y representantes de valor (poder social cualitativo), lo que le otorga acceso a recursos y talento para mejorar su equipo. A través de un poder tecnológico creciente, introduce análisis de rendimiento por medio de software especializado para mejorar las capacidades de sus jugadores.

Su éxito local le brinda poder cultural, ya que comienza a ser visto como un innovador en el deporte de su ciudad, lo que a su vez le abre las puertas a nuevas oportunidades en equipos más grandes.

11.5. El emprendedor que inventa una nueva tecnología

Andrés, un joven ingeniero, inventa una nueva tecnología de almacenamiento de energía. En sus primeros pasos, cuenta sólo con poder tecnológico. Sin embargo, sabe que necesita adquirir más poderes si quiere que su invención tenga éxito en el mercado.

Andrés se alía con inversionistas para obtener poder económico, y gracias a ello puede fundar su *start-up*. Luego expande su poder institucional al buscar colaboraciones con universidades y laboratorios. Utiliza poder tecnológico en cada etapa, perfecciona su producto y se asegura de que está siempre a la vanguardia en su campo.

A medida que su tecnología empieza a ganar reconocimiento, Andrés incrementa su poder cultural. Comienza a participar en conferencias y eventos del sector, y se convierte en una voz reconocida. Su éxito no sólo reside en su innovación tecnológica, sino en su capacidad para navegar por el mapa de poderes y consolidar su posición.

Conclusión

Estos casos prácticos demuestran que en cada historia de superación existe un mapa del poder que traza el camino hacia la realización de nuestras metas. No se trata sólo de potenciar un único tipo de poder, sino de equilibrar y entrelazar diversas formas de influencia para superar obstáculos y aprovechar oportunidades. Este proceso es dinámico, evolutivo y estratégico. Comprender los flujos de poder que nos rodean y cómo aplicarlos es esencial para cualquier proyecto de éxito. ¡Inspírate en estos ejemplos, utiliza tu mapa del poder y asume el control para marcar la diferencia!

12

Diferencias entre táctica y estrategia

> Si tuviera ocho horas para cortar un árbol, emplearía seis en afilar el hacha.
>
> ABRAHAM LINCOLN[136]

La distinción entre táctica y estrategia es clave en la toma de decisiones, no sólo en campos como el militar, sino en todos los aspectos de la vida, desde el deporte y la política hasta los negocios. La estrategia se refiere a la planificación a largo plazo, considerando una visión global y la búsqueda de objetivos finales, mientras que la táctica implica decisiones rápidas e instantáneas, ejecutadas en el mismo momento de la acción, sin tiempo para una reflexión profunda.

12.1. Tácticas en el momento de la acción

Las tácticas son acciones inmediatas, tomadas en el calor del momento, cuando no hay tiempo para un análisis extenso o una

136. Esta cita, ampliamente atribuida a Abraham Lincoln en el ámbito sociocultural, carece de evidencia documental verificable, aunque evoca su visión estratégica y enfoque en la preparación.

planificación previa. Estas decisiones requieren una respuesta rápida a los cambios repentinos del entorno, y su eficacia radica en la capacidad de adaptación del individuo o equipo. Las tácticas son esencialmente reacciones instantáneas ante situaciones inesperadas, y suelen estar impulsadas por la intuición, la experiencia previa y el contexto emocional.

Este tipo de decisiones suelen ser ejecutadas bajo presión y con información incompleta. Aunque conllevan un mayor riesgo de error, también pueden generar soluciones creativas y efectivas cuando la situación lo demanda.

Ejemplos prácticos:

- **Deporte:** el entrenador de un equipo de fútbol debe tomar una decisión instantánea cuando un jugador clave sufre una lesión a mitad del partido. Sin tiempo para planear, decide reorganizar la formación del equipo para mantener la competitividad.
- **Política:** en un debate en vivo, un político se enfrenta a una pregunta inesperada. Sin preparación previa para esa situación, debe responder de manera espontánea, confiar en su capacidad de improvisación y en su conocimiento general del tema.
- **Negocios:** un director de ventas se entera de que la competencia ha lanzado una promoción sorpresiva. Sin tiempo para desarrollar una estrategia detallada, decide reaccionar de inmediato y presentar una oferta similar para no perder cuota de mercado.

Al ser decisiones inmediatas, las tácticas son inevitables en entornos dinámicos. Sin embargo, apoyarse únicamente en tácticas puede llevar a respuestas incoherentes o improvisadas, lo que aumenta la probabilidad de generar errores y comprometer los objetivos a largo plazo.

12.2. Estrategias a largo plazo

Por el contrario, la estrategia se enfoca en la planificación a largo plazo y en el análisis profundo antes de la acción. Mientras que las tácticas responden al presente, las estrategias se anticipan al futuro, visualizan escenarios potenciales y alinean cada acción con los objetivos finales. Una buena estrategia no sólo busca resolver problemas inmediatos, sino también prevenirlos para asegurar que los recursos se utilicen de manera eficiente.

La clave de la estrategia está en su capacidad de anticipación. Se basa en un análisis exhaustivo del entorno, en la identificación de fortalezas y debilidades, y en la creación de un plan coherente que permita actuar de manera organizada y efectiva a lo largo del tiempo.

Ejemplos prácticos:

- **Deporte:** el entrenador de un equipo de baloncesto desarrolla un plan durante semanas o meses, estudia a fondo a los rivales y prepara a su equipo para enfrentar diversas situaciones en el campeonato.
- **Política:** un candidato presidencial diseña una campaña durante años, anticipa cambios en el clima político y social, y desarrolla propuestas que conecten con las preocupaciones de los votantes.
- **Negocios:** una corporación multinacional desarrolla una estrategia de expansión que considera no sólo los mercados actuales, sino también las tendencias globales, y planifica su entrada a nuevas inversiones a lo largo de los próximos cinco o diez años.

Una estrategia sólida proporciona un marco general para la acción, y permite que las decisiones tácticas instantáneas se alineen con objetivos de largo plazo. Esto reduce el riesgo de improvisación y ayuda a maximizar las oportunidades en entornos complejos y cambiantes.

12.3. Principio de la estrategia sobre la táctica: la fórmula del triunfo

Priorizar la estrategia sobre la táctica es esencial para el éxito de cualquier proyecto. El triunfo se construye mediante una planificación meticulosa y a largo plazo, que crea un marco sólido para anticipar situaciones críticas y evitar decisiones impulsivas. Una estrategia bien definida ofrece una visión integral, estableciendo objetivos futuros y asignando recursos de manera eficiente.

Al enfocar tus esfuerzos en la estrategia, tus decisiones tácticas inmediatas estarán alineadas con tus objetivos finales, optimizando resultados y acercándote eficazmente a tus fines. Recuerda: la estrategia anticipa, mientras que la táctica reacciona. La estrategia traza el camino; la táctica lo recorre.

Conclusión

El equilibrio entre táctica y estrategia es fundamental para la toma efectiva de decisiones. Aunque necesarias en situaciones de presión, las tácticas requieren de una estrategia bien elaborada para evitar que las decisiones instantáneas desvíen el curso hacia los objetivos finales. Comprender cuándo actuar de manera táctica y cuándo hacerlo de manera estratégica es clave para maximizar el éxito en cualquier contexto, reducir riesgos y aprovechar oportunidades. ¿Listo para navegar el poder a otro nivel?

13

Estrategias ajedrecísticas: lecciones para el éxito real

> En el ajedrez, como en la vida, la mejor jugada es siempre la que se realiza.
>
> SIEGBERT TARRASCH[137]

El ajedrez trasciende su rol como un simple juego de lógica y previsión; se convierte en un poderoso reflejo de las estrategias en negocios y política. Inspirándonos en Aron Nimzovich y su obra *Mi sistema*,[138] este capítulo desglosa cómo cada jugada en el tablero ofrece lecciones clave aplicables al mundo real. Cada movimiento, influenciado por las acciones del rival, refleja la interdependencia que también guía nuestras decisiones diarias. A través de este análisis, exploramos las «contraestrategias» que la competencia podría emplear para enfrentar desafíos, transformando obstáculos en oportunidades y trazando caminos hacia el éxito.

137. Siegbert Tarrasch, influyente teórico del ajedrez, valoró la acción. Aunque esta frase no aparece en sus escritos, se reconoce en el ámbito sociocultural como un reflejo de su filosofía, plasmada en su obra *Die moderne Schachpartie* (1912).

138. Nimzowitsch, Aron, *Mi sistema*, traducción de Antonio Gude, La Casa del Ajedrez, Madrid, 2009.

13.1. El enroque: fortificar la defensa

En el ajedrez, el enroque no sólo protege al rey, sino que también sitúa a la torre en posición para el ataque. Liderada por Daniel Ek y Martin Lorentzon, Spotify se centró inicialmente en consolidar acuerdos de licencias musicales con las principales discográficas antes de expandir su plataforma de *streaming* de música más allá de Suecia. Al establecer estas sólidas alianzas estratégicas con la industria de la música, Spotify no sólo protegió su modelo de negocio, sino que preparó el terreno para una expansión global que cambió la forma en que consumimos música.

Contraestrategia ficticia: las discográficas que se sintieron amenazadas por Spotify podrían haber presionado a otras plataformas de *streaming* para imponer precios más altos o establecer restricciones más estrictas en las alianzas con la compañía, tratando así de debilitar su modelo de negocio y reducir la competitividad en el mercado.

13.2. Jaque mate pastor: el ataque sorpresa

El jaque mate pastor es una jugada que sorprende al oponente con rapidez y precisión desde el inicio de la partida. Un movimiento estratégico similar fue ejecutado por Florentino Pérez al asumir la presidencia del Real Madrid CF, cuando fichó a Luis Figo, la estrella del archirrival Barcelona. Este golpe no sólo fue un movimiento brillante en términos de marketing y eficacia competitiva, sino que cambió la dinámica del fútbol europeo. La contratación de Figo reavivó el concepto de «los Galácticos», atrajo a otras estrellas y condujo al club hacia una nueva era dorada.

Contraestrategia ficticia: el FC Barcelona podría haber lanzado una inesperada campaña contra la falta de ética y honor del Real Madrid, destacando la ambición desmedida del club como motor de sus decisiones. A través de emotivos testimonios de aficionados y jugadores, el Barça habría transformado la narrativa, subrayando la ausencia de moralidad del Real Madrid CF.

13.3. La infiltración con el caballo: creatividad en dificultades

En ajedrez, el movimiento del caballo es único, permite saltar sobre otras piezas y llegar a lugares difíciles de alcanzar. En el mundo empresarial, Reed Hastings, cofundador de Netflix, ejemplificó esta maniobra al transformar la empresa de un servicio de alquiler de DVD por correo a una plataforma de *streaming* cuando el mercado del entretenimiento estaba dominado por los canales tradicionales y las cadenas de videoclubes. Su capacidad para innovar y reposicionar Netflix en un sector consolidado demuestra que usar la creatividad para navegar espacios poco explorados puede conducir a un éxito duradero.

Contraestrategia ficticia: Blockbuster podría haber lanzado campañas publicitarias impactantes que resaltaran la experiencia única de sus quioscos de alquiler en comparación con la suscripción mensual de Netflix. Además, habrían podido cuestionar la calidad del servicio de *streaming*, posicionándose como la opción preferida para quienes valoran una atención al cliente personalizada.

13.4. El gambito: sacrificar para ganar

Un gambito en ajedrez implica ceder una pieza menor para obtener una ventaja a largo plazo. En el mundo del espectáculo, Jim Carrey es un ejemplo notable de esta estrategia. En medio de una exitosa carrera en comedia y cine, Carrey pasó por un período de profunda depresión que lo llevó a revaluar su vida personal y profesional. Cuando decidió «sacrificar» su antigua personalidad y el enfoque de su carrera, Carrey se adentró en el mundo de la pintura y el arte visual. Aunque este cambio significó alejarse temporalmente del centro de atención de Hollywood, le permitió encontrar una nueva forma de expresión y satisfacción humana, y se transformó no sólo como artista, sino que también inspiró a otros a encontrar sus propias vocaciones.

Contraestrategia ficticia: algunos estudios cinematográficos podrían haber percibido el giro artístico de Jim Carrey hacia la pintura como un riesgo comercial, eligiendo enfocarse en otros actores más comprometidos con el cine por temor a que su disponibilidad para futuros proyectos fuese incierta.

13.5. Apertura Ruy López: controlar el centro

Con la apertura Ruy López, uno trata de controlar el terreno central desde el comienzo. Elon Musk ejecutó una táctica similar al asegurar la supremacía de Tesla en la industria de vehículos eléctricos. Desde sus comienzos, Tesla desarrolló una innovadora tecnología de baterías e invirtió en la expansión de estaciones supercargadoras en todo el mundo. Musk comprendió la importancia de no sólo vender coches, sino de controlar toda la infraestructura necesaria para la plena adopción del vehículo eléctrico.

Contraestrategia ficticia: competidores automotrices establecidos podrían haber lanzado una campaña publicitaria masiva enfatizando la larga historia, la confiabilidad y la calidad de sus vehículos en comparación con un nuevo actor como Tesla, argumentando que un producto nuevo no puede igualar la experiencia de marcas consolidadas.

13.6. *Zugzwang*: obligación de mover

Con el *zugzwang* ponemos al rival en una situación en la que cualquier movimiento que haga le genera desventaja. Angela Merkel encarnó este concepto en la política alemana. Con paciencia y unas relaciones públicas excepcionales, a menudo situaba a sus opositores en situaciones en las que sin importar la decisión que tomaran, fortalecían su liderazgo en la Unión Europea. Uno de sus movimientos *zugzwang* más implacables fue la negociación de los rescates financieros durante la crisis del euro, que consolidaron a Alemania como líder económico en Europa.

Contraestrategia ficticia: los partidos opositores podrían haber formado coaliciones para contrarrestar las propuestas de Merkel, fomentando el descontento dentro de su base y aumentando la presión mediática sobre su administración para desarrollar soluciones más favorables al electorado.

13.7. La defensa siciliana: adaptabilidad en movimiento

Célebre en ajedrez por su flexibilidad ante diferentes ataques, la defensa siciliana encuentra un símil en la estrategia de Mercadona bajo la dirección de Juan Roig. Mejorando su cadena de suministro y ajustándose con rapidez a las demandas del cliente, Mercadona ha demostrado una adaptabilidad constante. Este enfoque le ha permitido liderar en el sector de distribución de alimentos en España y reflejar la capacidad de la defensa siciliana para enfrentar desafíos con efectividad y dinamismo.

Contraestrategia ficticia: los competidores en el sector de la distribución podrían haber elevado sus estándares de servicio y calidad, así como desarrollar propuestas de valor diferenciadas, como programas de fidelización, para atraer a los clientes que Mercadona intentaba captar.

Conclusión

Más que un juego, el ajedrez es un manual de estrategias que subraya la importancia de la planificación meticulosa y el ingenio. Las lecciones del ajedrez (la previsión, el reunir recursos o el arte del sacrificio calculado) nos permiten actuar con inteligencia al enfrentarnos a crisis y oportunidades. ¡Convierte cada movimiento en una jugada maestra que te conduzca al éxito en tu vida y carrera!

14

Poder contra el individuo y poder contra la persona

> Atacar al individuo puede quitar una vida, pero atacar a la persona puede borrar su legado.
>
> JULEN ROBLEDO[139]

La distinción entre «individuo» y «persona», clave para entender las diferentes formas de ejercer el poder, la tomamos del filósofo Gustavo Bueno en su obra *El sentido de la vida.*[140] Según Bueno, el individuo es la entidad biológica, física, mientras que la persona está vinculada a la dimensión social, cultural y simbólica. Esta diferenciación resulta esencial para comprender las estrategias de poder que pueden impactar tanto en la existencia física como en la identidad social y cultural de un ser humano.

139. Ésta es una frase a medida para este capítulo creada por Julen Robledo, autor de este libro.

140. Bueno, Gustavo, *El sentido de la vida, op. cit.*, pp. 115-237.

14.1. Poder sobre el individuo: ataques directos a la existencia física

El poder contra el individuo se manifiesta de manera directa y tangible. Atacar al individuo es, en esencia, un ataque a su existencia biológica y corpórea. Un claro ejemplo de este tipo de ataque es el asesinato de John F. Kennedy en 1963.[141] Este acto no sólo extinguió la vida de un presidente, sino que tuvo repercusiones globales. La muerte de Kennedy generó un vacío de liderazgo que impactó profundamente en la política estadounidense y mundial, alteró el curso de la Guerra Fría y afectó a la percepción internacional sobre Estados Unidos.

El asesinato de Carrero Blanco en 1973, perpetrado por ETA,[142] es un ejemplo brutal de cómo el poder contra el individuo puede utilizarse como una herramienta política. Este acto terrorista, que buscaba eliminar a un líder clave, no sólo conmocionó a España, sino que también demostró el potencial del poder para sembrar miedo e incertidumbre, desestabilizar un sistema político y generar repercusiones en el ámbito nacional e internacional.

De manera similar, el asesinato de Martin Luther King Jr. en 1968 no sólo eliminó a un defensor fundamental de los derechos civiles,[143] sino que también intensificó la lucha por la igualdad racial en Estados Unidos.

Otro ejemplo significativo es el derrocamiento y la muerte de Salvador Allende en 1973 en Chile.[144] Su fallecimiento no sólo extinguió la vida de un presidente marxista y líder democrático, sino que también marcó el inicio de un período de represión bajo la

141. Martín Alarcón, Julio, «Reconstrucción del asesinato. La conspiración imposible», *El Mundo*, <https://www.elmundo.es/especiales/2013/internacional/jfk/el-asesinato/2.html>.

142. Véase Wikipedia: <https://es.wikipedia.org/wiki/Asesinato_de_Carrero_Blanco>.

143. «El asesinato de Martin Luther King Jr.», *El Historiador*, <https://elhistoriador.com.ar/el-asesinato-de-martin-luther-king/>.

144. Véase Wikipedia: <https://es.wikipedia.org/wiki/Muerte_de_Salvador_Allende>.

dictadura de Pinochet, que alteró drásticamente el curso político del país y la región al fomentar un clima de miedo y afectar a la confianza en la democracia.

En estos ejemplos, el poder contra el individuo tiende a eliminar o debilitar físicamente a un sujeto clave, interrumpiendo su influencia y liderazgo. Este tipo de poder es crudo, inmediato y muchas veces irreversible.

14.2. Poder sobre la persona: ataques a la identidad y el legado

Por otro lado, el poder contra la persona se manifiesta de manera más sutil, pero igualmente devastadora. Mientras que el poder contra el individuo se centra en lo físico, el poder contra la persona apunta a la dimensión social, cultural y emocional. Atacar a la persona implica destruir su reputación social, socavar su dignidad y erosionar su legado, lo que puede tener efectos duraderos en su vida y en su entorno.

Un ejemplo claro de ataque contra la persona es la campaña de desprestigio que enfrentó en 2024 la esposa de Pedro Sánchez, presidente del gobierno español.[145] Los ataques dirigidos a ella no sólo buscaban socavar su imagen, sino también deshumanizar a Sánchez al cuestionar su vida personal. Este tipo de embestida se centra en la persona y su contexto social, y afecta no sólo a su reputación, sino también a su dignidad y la de su familia. El objetivo es deslegitimar al oponente en la dimensión emocional y simbólica, y afectar a su identidad en un ámbito más profundo que lo meramente físico.

De manera similar, durante la campaña presidencial de 2016, Hillary Clinton enfrentó ataques que se centraron en su vida personal y en su identidad como mujer en la política.[146] Estas arre-

145. «La citación ante el juez de Begoña Gómez copa la prensa internacional», *Libertad Digital*, <https://www.libertaddigital.com/espana/2024-06-04/imagen-internacional-de-pedro-sanchez-7133946/>.

146. Sulbarán, Patricia, «Las barreras que rompió Hillary Clinton para ser

metidas no sólo buscaban debilitar su candidatura, sino también desacreditar su experiencia y capacidades. Al enfocarse en su género y su rol como mujer, estos ataques afectaron a su imagen pública de manera que trascendió lo político y dejaron una huella duradera en la percepción social de su liderazgo.

Un caso emblemático de poder contra la persona es el asesinato en 2016 de Berta Cáceres, una activista y defensora de los derechos humanos.[147] Este acto violento no sólo eliminó a una líder, sino que simbolizó un ataque a la persona que representaba: una voz en favor de las comunidades indígenas y la lucha por la defensa del territorio. Aunque Berta Cáceres fue asesinada físicamente, la embestida estaba dirigida a la resistencia colectiva y al movimiento social que ella lideraba con el objetivo de desarticular su legado.

En el ámbito contemporáneo, los incidentes cibernéticos dirigidos a personas, como el hackeo de cuentas de correo electrónico de figuras políticas, muestran otra forma de afectación directa. Se vulnera la privacidad del individuo, lo que puede tener consecuencias devastadoras para su vida personal y profesional. Por ejemplo, la filtración de datos de celebridades no sólo afecta a su seguridad, sino que también destruye su intimidad y los expone a una vulnerabilidad emocional y social.

Finalmente, un ejemplo impactante de ataque a la persona se presenta en el primer capítulo de la serie *Black Mirror*,[148] en el que el primer ministro británico es forzado por un secuestrador a tener relaciones sexuales zoofílicas con un cerdo mientras es televisado. Aunque el ministro sigue intacto físicamente, exponiéndolo a una humillación que trasciende lo corpóreo y toca lo más profundo de su identidad como persona, este acto degrada profundamente su dignidad y su imagen pública.

---

la primera mujer a las puertas de la presidencia de Estados Unidos», *BBC News Mundo*, <https://www.bbc.com/mundo/noticias-internacional-36889233>.

147. Mediavilla, Manu, «Berta Cáceres, defensora ambientalista hondureña. Se cumplen 6 años de su brutal asesinato», Amnistía Internacional España, <https://www.es.amnesty.org/en-que-estamos/blog/historia/articulo/6-anos-del-asesinato-berta-caceres/>.

148. «The National Anthem», *Black Mirror*, dirigido por Otto Bathurst, escrito por Charlie Brooker, Londres, Endemol Shine Group, 2011, Netflix.

14.3. Ecos de poder: reacciones y consecuencias

Estos ejemplos demuestran cómo el poder puede ejercer presión tanto sobre el individuo como sobre la persona de maneras distintas, pero interrelacionadas. Un ataque físico puede provocar un cambio abrupto en la estructura de poder, mientras que una agresión a la persona puede erosionar la confianza pública en las instituciones y en el discurso democrático.

Las respuestas sociales ante estos ataques son variadas. La indignación colectiva frente a un asesinato puede movilizar a las masas en favor de un cambio, y generar un eco poderoso que resuena en la conciencia pública y fomenta la acción. Por otro lado, los ataques a la persona pueden crear un clima de polarización y cinismo, debilitar la congruencia del tejido social y dificultar el compromiso ciudadano.

Comprender estas dinámicas es crucial para resistir las formas más sutiles de opresión que operan en nuestra sociedad. Cada acción desencadena ecos que pueden transformar no sólo vidas individuales, sino también comunidades enteras. Así, al reconocer y analizar estos patrones podemos prepararnos para construir un movimiento hacia la justicia y el cambio positivo.

Conclusión

La comprensión de la distinción entre el poder ejercido sobre el individuo y sobre la persona revela cómo el primero puede arrebatar una vida, pero el segundo se encarga de dinamitar su reputación y valor social. Esta distinción es crucial para resistir las formas más sutiles e insidiosas de opresión en nuestra sociedad. Sólo protegiendo tanto la integridad física como la dignidad social podremos formular estrategias eficaces de resistencia y empoderamiento. ¿Te has dado cuenta? Acabas de obtener un conocimiento muy poderoso. ¡Úsalo con responsabilidad!

15

Desmitificar el poder

> Toda mi vida he estado luchando por no ser una marioneta movida por los hilos de los poderosos.
>
> VITO CORLEONE[149]

A lo largo de la historia, el poder ha sido objeto de mitos y malentendidos que distorsionan nuestra percepción sobre su ejercicio y su impacto en la sociedad. Este apartado tiene como objetivo desmitificar creencias comunes y ofrecerte una perspectiva más clara sobre la esencia de las dinámicas de poder que nos rodean. Desmitificar el poder no se limita a identificar sus falacias; también implica explorar nuevas formas de ejercerlo, potenciar tu influencia y generar cambios significativos. Así, además de desmantelar mitos sobre el poder, te introducimos a los «poderes revelados», herramientas trans-

149. Esta frase fue pronunciada por Vito Corleone (Marlon Brando) en la película *El padrino*, dirigida por Francis Ford Coppola, Paramount Pictures, 1972.

formadoras que te permitirán aplicar el conocimiento del poder de manera práctica y efectiva. En los próximos capítulos, descubrirás cómo estos «poderes revelados» complementan de manera ideal tu uso estratégico de los 10 tipos de poder que hemos analizado.

15.1. Mitos comunes

El poder es sólo para unos pocos (desmantelando la ilusión de la élite)

Imagina un mundo donde sólo los reyes, los presidentes o los magnates tienen poder. ¿Consideras cierta esta idea? En realidad, es una ilusión. El poder no sólo reside en títulos, o en cuentas bancarias abultadas, o en puestos de liderazgo. Radica en la influencia, en la capacidad de generar cambio, por pequeño que sea. Piensa en un maestro que inspira a sus alumnos, en una madre que empodera a su hijo, en un amigo que ofrece apoyo incondicional. Todos ellos ejercen poder. La verdadera pregunta no es si tienes poder, sino cómo lo usas para crear un mundo mejor.

El poder es intrínsecamente malo (desmontando el presupuesto de la corrupción inherente)

A menudo, se asocia el poder con la corrupción. Imágenes de líderes autoritarios, empresas inmorales y guerras devastadoras refuerzan esta percepción. Sin embargo, ¿es realmente cierto que el poder es intrínsecamente dañino, o es sólo una herramienta que, en manos equivocadas, puede ser utilizada para el mal? Figuras como Nelson Mandela y Martin Luther King demuestran que el poder, cuando es ejercido con responsabilidad, se convierte en una fuerza milagrosa para el bien.

Sólo el poder político es importante (más allá de la política, el poder en todas partes)

Olvida la idea del poder como algo exclusivo de la política. Es una fuerza omnipresente, que se manifiesta desde la cultura hasta nuestras relaciones personales. Comprender sus diferentes formas y ejercerlo de forma ética y responsable es clave para construir un mundo mejor. ¿Estás listo para asumir esa responsabilidad?

El poder es fijo e inmutable (¡equivocado! Tu poder, tu cambio)

El poder no es estático; es dinámico y fluye constantemente. Los movimientos sociales a lo largo de la historia lo demuestran: el poder se puede desafiar, reconfigurar y transformar. No te sientas atrapado por estructuras de autoridad rígidas; el cambio es posible. ¿Qué acciones tomarás para moldear el poder a tu favor?

Sólo se necesita fuerza para ejercer poder (domina la fuerza de la empatía transformadora)

Creer que la fuerza bruta es la única forma de ejercer poder es una visión limitada. La verdadera fortaleza se encuentra en forjar conexiones emocionales valiosas y unir a otros en torno a un objetivo común. Observa cómo los movimientos sociales exitosos, desde la lucha por los derechos civiles hasta iniciativas comunitarias, demuestran que el diálogo, la empatía y la colaboración generan un impacto mucho más significativo y duradero que la violencia. En este juego de poder, ¿cuál será tu estrategia maestra de empatía movilizadora?

15.2. Realidades del poder

Al desmitificar el poder, reconocer su complejidad y diversidad se hace crucial. Esta fuerza no sólo es una herramienta de dominación; puede utilizarse como un recurso liberador para el bien común. En nuestra vida cotidiana, el poder transformador se manifiesta en redes interconectadas donde la colaboración y la solidaridad pueden convertir dinámicas adversas en oportunidades de cambio.

La interdependencia entre diferentes formas de influencia revela cómo las luchas por la justicia social, la equidad y los derechos humanos están simultáneamente ligadas. Organizaciones comunitarias pueden desafiar a instituciones históricamente controladoras, demostrando que el poder social y cultural son verdaderos motores de cambio. ¡Movilizar este entrelazado de fuerzas es esencial para forjar un futuro más justo y equitativo!

15.3. Poder revelado: sé catalizador de cambio

Hemos desmantelado los mitos sobre el poder; ahora es el momento de explorar el poder que reside en ti. Reflexiona sobre cómo puedes utilizar tu influencia para provocar cambios significativos en tu entorno. A continuación se presentan ejemplos inspiradores de personas que han capitalizado su capacidad transformadora:

- **La Revolución de los Paraguas en Hong Kong:**[150] en 2014, miles de ciudadanos se unieron en un movimiento de resistencia pacífica para defender la democracia y los derechos civiles. Su valentía al utilizar paraguas como protección contra los gases lacrimógenos de la policía demostró

150. Sardiña, Carlos, «Claves para comprender "la revolución de los paraguas" de Hong Kong», *elDiario.es*, <https://www.eldiario.es/internacional/hong-kong-protestas-asia_1_4617289.html>.

que la resistencia civil puede desafiar a gobiernos autoritarios. Su ingenio organizativo y uso de redes sociales se convirtieron en un modelo de movilización efectiva.

- **La conquista de los espacios públicos:** en años recientes, diversas ciudades han visto nacer iniciativas para recuperar espacios públicos para la convivencia. Proyectos como Park(ing) Day[151] transforman plazas de aparcamiento en zonas verdes y empoderan a la comunidad para rediseñar su entorno. Aquí los ciudadanos pueden cambiar la dinámica de sus ciudades y reclamar su derecho a espacios compartidos.

Estos ejemplos actúan como contundentes recordatorios de que si nos concentramos en las realidades de nuestro poder, podemos transformar entornos y generar un impacto duradero.

Reflexión esencial: reconocer la verdadera naturaleza del poder nos libera de mitos limitantes y nos permite utilizarlo como una herramienta constructiva que potencia el cambio y el bien común.

Pregúntate: ¿cómo puedes desafiar los mitos del poder en tu vida y utilizar esta fuerza para inspirar transformación y equidad en tu comunidad?

Conclusión

Desmitificar el poder significa reconocer su complejidad multifacética y su capacidad para ser un recurso valioso en beneficio del bien común. El poder es un arma de doble filo; mal utilizado, genera divisiones, pero ejercido con ética, ofrece la posibili-

151. Cruz, Luis de la, «Park(ing) Day: una reivindicación en la genealogía de la Revuelta Escolar... y de las terrazas en plazas de aparcamiento», *elDiario.es*, <https://www.eldiario.es/madrid/somos/noticias/park-ing-day-reivindicacion-genealogia-revuelta-escolar-terrazas-plazas-aparcamiento_1_8302628.html>.

dad de revolucionar positivamente la sociedad. Este desafío nos invita a reflexionar sobre cómo elegimos ejercer nuestra influencia para colaborar en la transformación de nuestras realidades. No permitas que los mitos te limiten; en cambio, enfócate en las verdades y despierta el potencial de tu poder para generar un impacto significativo. ¡Es momento de actuar y marcar la diferencia!

16

Enfatizar el poder de la participación ciudadana

> El papel del ciudadano en nuestra democracia no acaba con el voto.
>
> Barack Obama[152]

La participación ciudadana es el cimiento de las democracias auténticas. Más allá del derecho al voto, requiere ciudadanos informados y comprometidos que asuman un papel activo. Sin una ciudadanía crítica y cultivada, el sistema está amenazado. En este apartado examinaremos cómo los ciudadanos pueden involucrarse, desde el ejercicio del voto hasta el activismo, y demostrar que la verdadera fuerza radica en la acción colectiva. Además, en el apartado «poder revelado», recibirás valiosos consejos sobre cómo fortalecer tus proyectos a través de la participación activa.

152. Esta frase es parte del discurso de reelección de Barack Obama en noviembre de 2012 en Chicago. La versión completa en español está disponible en *La Razón*: <https://www.la-razon.com/lr-article/elecciones-en-eeuudiscurso-completo-de-barack-obama-traducido-al-espanol/>.

16.1. Voto y democracia: la voz del ciudadano

La democracia y la dignidad social se sustentan en el compromiso activo y la educación de los ciudadanos. El voto no sólo es un derecho, sino también una responsabilidad fundamental: la participación en elecciones y movimientos sociales tiene un impacto profundo en el futuro de cada nación. Sólo una ciudadanía comprometida y crítica puede asegurar una democracia que auténticamente refleje las aspiraciones e intereses de todos.

Casos históricos de cambio:

- **Movimiento de derechos civiles en Estados Unidos:**[153] este movimiento mostró cómo la lucha por la igualdad de derechos se tradujo no sólo en cambios legislativos, sino en una transformación cultural que promovió una conciencia colectiva.
- **Movimiento de ciudadanos por la educación:**[154] en varios países, grupos ciudadanos han abogado por mejoras en los sistemas de enseñanza que llevaron a la implementación de reformas que democratizan el acceso a una educación de calidad.

16.2. Activismo y participación civil: casos inspiradores

El activismo es una forma influyente de poder social que trasciende el voto y que permite a los ciudadanos articular demandas y desafiar injusticias a través de protestas, movimientos sociales, voluntariado, asambleas comunitarias y plataformas digitales. Esta diversidad de expresiones demuestra que el poder político

153. Véase Wikipedia: <https://es.wikipedia.org/wiki/Movimiento_por_los_derechos_civiles_en_Estados_Unidos>.

154. Véase la web de Campaña Mundial por la Educación, <https://cme-espana.org>.

del ciudadano va más allá del sufragio y se manifiesta también en su capacidad de movilización social.

Ejemplos potentes:

- **El movimiento de los «chalecos amarillos» *(gilets jaunes)*:**[155] surgido en Francia en 2018, comenzó como una protesta contra el aumento del precio del combustible y se expandió con rapidez para abordar la desigualdad y la falta de representación política. Con sus icónicos chalecos de alta visibilidad, movilizaron a miles de personas en todo el país.
- **La Iniciativa de los Ciudadanos por el Cambio Climático en España:**[156] a través de una serie de asambleas locales, ciudadanos de diversas comunidades se han organizado para presionar a sus gobiernos a implementar políticas ambientales efectivas. Este movimiento ha resultado en la formulación de propuestas que se discuten en los parlamentos locales, demostrando así cómo el activismo puede influir directamente en las decisiones políticas.

16.3. Poder revelado: impulsa tu proyecto con la participación

La participación ciudadana es crucial para el éxito de cualquier país, pero también de cualquier proyecto. Involucrar al público ofrece una ventaja competitiva significativa. Al permitir que tus clientes potenciales expresen sus opiniones en tu propuesta empresarial, fortaleces los vínculos emocionales y promueves un sentido de comunidad. Pero ¿cómo incluir iniciativas de

155. «"Chalecos amarillos" en Francia: la protesta que llevó a Emmanuel Macron a cancelar la subida del precio de los combustibles», *BBC News Mundo*, <https://www.bbc.com/mundo/noticias-internacional-46421429>.

156. Iniciativa Ciudadana Europea de Acciones frente a la Emergencia Climática, Ministerio para la Transición Ecológica y el Reto Demográfico, <https://www.miteco.gob.es/es/ceneam/carpeta-informativa-del-ceneam/novedades/ice-accion-emergencia-climatica.html>.

participación en tu proyecto? Observa cómo esta estrategia ha sido implementada con éxito en el emprendimiento.

- **Kickstarter:**[157] es una plataforma de financiación colectiva que conecta emprendedores con la comunidad para apoyar ideas innovadoras. Al permitir que los miembros voten sobre qué proyectos merecen respaldo, democratiza la financiación y forja lazos auténticos entre creadores y seguidores, lo que demuestra el poder transformador de la acción participativa.
- **Trello:**[158] es una plataforma de gestión de proyectos que mejora la colaboración en equipo al permitir a los usuarios organizar, compartir ideas y seguir el progreso de las tareas. Facilita el trabajo en conjunto y empodera a todos para contribuir activamente. Además, la participación comunitaria en la creación de plantillas y consejos fortalece el sentido de pertenencia y convierte a los usuarios en aliados clave en el proceso.

Aplicar este enfoque colaborativo no sólo optimiza los proyectos, sino que convierte la participación en un aspecto fundamental del éxito.

Reflexión esencial: la participación ciudadana no sólo nutre las democracias, sino que también impulsa la innovación y el cambio social cuando se canaliza adecuadamente.

Pregúntate: ¿cómo puedes activar la participación de tu comunidad en tus proyectos para fomentar un sentido de pertenencia y lograr un impacto duradero?

Conclusión

La participación ciudadana es el corazón de la democracia y el motor del cambio. Al integrar activamente a tu comunidad en

157. Véase la web de Kickstarter: <https://www.kickstarter.com>.
158. Véase la web de Trello: <https://trello.com/home>.

iniciativas propias como hacen Kickstarter y Trello, puedes potenciar tu impacto. Crea un espacio en el que todos se sientan escuchados y fortalece los lazos con tus clientes, y cimenta una base sólida para el éxito. ¡Es momento de actuar y convertir la participación en un fundamento clave de tu proyecto!

17

Poder y bienestar social

> Levántate, en pie, defiende tus derechos. Levántate, en pie, no dejes de luchar.
>
> BOB MARLEY[159]

En un mundo interconectado, el poder va más allá de gobernar; implica la responsabilidad de garantizar el bienestar social. Este apartado examina cómo el poder político y el social influyen en la calidad de vida a través de tres pilares esenciales: la salud pública, que sostiene el poder biológico; la educación, que edifica el poder cultural; y el poder local, que permite a las comunidades impactar en sus realidades inmediatas. Juntos, estos elementos son fundamentales para el desarrollo individual y la fortaleza comunitaria, y resaltan la necesidad de decisiones estratégicas que promuevan el acceso equitativo a los derechos más básicos.

159. Esta frase proviene de la canción «Get Up, Stand Up», coescrita por Bob Marley y Peter Tosh, y lanzada en 1973 en el álbum *Burnin'* de The Wailers. La letra se ha convertido en un himno de empoderamiento que transmite un fuerte mensaje de resistencia y lucha por los derechos humanos.

17.1. Poder y salud pública

El poder en el ámbito de la salud pública se manifiesta en la gestión de sistemas sanitarios, en especial durante pandemias y crisis. La capacidad de los gobiernos y las organizaciones para implementar programas de bienestar es crucial. Durante la pandemia de COVID-19, por ejemplo, países como Nueva Zelanda demostraron que las respuestas rápidas basadas en evidencias pueden contener eficazmente la propagación del virus,[160] mientras que otros enfrentaron consecuencias graves debido a la falta de liderazgo.

Las crisis sanitarias no sólo ponen a prueba el sistema de salud, sino que también exponen las profundas desigualdades que existen en la sociedad. Durante la pandemia, comunidades desfavorecidas, como la afroamericana en Estados Unidos,[161] enfrentaron tasas desproporcionadas de infección y mortalidad, lo que resalta la urgente necesidad de implementar políticas que aborden estas inequidades de manera efectiva.

17.2. Poder y educación

La educación actúa como un elemento clave en el ejercicio del poder cultural, proporciona herramientas para el desarrollo personal y forma ciudadanos críticos y responsables. Sin embargo, la desigualdad en el acceso a la enseñanza perpetúa estructuras de poder injustas. Programas inspiradores, como «Educación para la Paz» en Colombia,[162] han empoderado a los jóvenes en co-

160. Caamaño Malagon, Javier, «¿Qué países han gestionado mejor la pandemia?», Mapfre, Economía, <https://www.mapfre.com/actualidad/economia/paises-gestionan-mejor-pandemia/>.

161. Nania, Rachel, «Estudios demuestran que la COVID-19 afecta gravemente a los afroamericanos», AARP, <https://www.aarp.org/espanol/salud/enfermedades-y-tratamientos/info-2020/afroamericanos-mas-afectados-por-coronavirus.html>.

162. «El Programa de Educación para la Paz sana las heridas de la guerra en Colombia», The Prem Rawat Foundation, <https://tprf.org/es/peace-education-program-helps-colombians-heal-from-civil-war/>.

munidades afectadas por la violencia, enseñándoles habilidades de resolución de conflictos y promoviendo la reconciliación.

A pesar de su potencial transformador, la educación se enfrenta a barreras estructurales que restringen su alcance, como la discriminación por género, raza y situación socioeconómica. En Sudán del Sur, por ejemplo, la falta de oportunidades educativas para las niñas perpetúa ciclos de pobreza y limita el desarrollo personal y profesional de generaciones enteras.[163]

17.3. Poder local: dinámicas y responsabilidades

El poder local es esencial para el tejido social y tiene un impacto directo en la vida cotidiana de las comunidades. Manifiesta su influencia a través de la gestión de recursos inmediatos y la participación activa en asambleas comunitarias, donde los ciudadanos pueden expresar sus necesidades y prioridades. Proyectos como «Superblock» en Barcelona han demostrado que las iniciativas locales pueden transformar el entorno urbano, y promover una movilidad sostenible y espacios más amigables para los peatones, lo que inspira a otras ciudades a adoptar prácticas similares.[164]

El diálogo continuo entre el poder local y el poder político es crucial para una gobernanza efectiva. Por ejemplo, en La Rioja, programas de rehabilitación de viviendas involucran a los residentes en la toma de decisiones para fortalecer la legitimidad y asegurar que las políticas respondan a las necesidades de la comunidad.[165]

163. Mekbib, Gabriel; Tur, Mabor; y Joseph Awad, Tasada, «Educar a las niñas: la clave para un futuro mejor en Sudán del Sur», GPE KIX, <https://www.gpekix.org/es/blog/educar-las-ninas-la-clave-para-un-futuro-mejor-en-sudan-del-sur>.

164. «Gaining a million square metres from cars with the Barcelona Superblock plan», www.barcelona.cat, <https://www.barcelona.cat/infobarcelona/en/tema/urban-planning-and-infrastructures/gaining-a-million-square-metres-from-cars-with-the-barcelona-superblock-plan_1107591.html>.

165. Rehabilitación. Obras financiadas por el Gobierno de La Rioja, <https://

Estrategias para empoderar tu comunidad local: si deseas involucrarte más activamente y ejercer tu poder local, aquí tienes algunas estrategias valiosas:

- **Participar en reuniones comunitarias:** asiste a asambleas donde puedas expresar tus inquietudes y contribuir al futuro de tu comunidad.
- **Iniciar campañas locales:** organiza recogidas de firmas o encuestas sobre temas relevantes para impulsar un cambio colectivo.
- **Crear redes de colaboración:** une fuerzas con organizaciones locales para amplificar el impacto de tus iniciativas y fomentar un espíritu solidario.

Cada decisión que tomas a nivel local repercute más allá de tu vecindad. ¡Empieza hoy a ejercer tu poder y conviértete en agente de cambio, contribuyendo a un futuro más brillante para todos!

17.4. Poder revelado: potencia tu proyecto con salud, educación y acción local

Incorporar salud, educación y elementos locales en tu proyecto no sólo amplifica su impacto social, sino que también lo hace más atractivo al alinear tus objetivos con necesidades básicas universales. Estas áreas son altamente valoradas por todos, y al integrarlas fortaleces la conexión con la comunidad y creas un diferenciador especial en el mercado. Fíjate cómo lo hacen estos ejemplos inspiradores:

- **Health Leads:**[166] esta organización se centra en la salud comunitaria e integra el poder local al conectar a pacientes

---

www.larioja.org/vivienda/es/actualidad/rehabilitacion-obras-financiadas-gobierno-rioja>.

166. Véase la web de Health Leads: <https://healthleadsusa.org>.

de comunidades desfavorecidas con servicios sociales críticos, como alimentación y vivienda. Al abordar los determinantes sociales de la salud, Health Leads mejora la calidad de vida y demuestra el impacto positivo de una intervención integral.

- **Khan Academy:**[167] en el ámbito educativo ha revolucionado el acceso al conocimiento mediante su plataforma gratuita en línea. Proporcionando recursos educativos a millones de estudiantes en todo el mundo, ha derribado barreras geográficas y económicas, y ha empoderado a personas de todas las edades con herramientas para el aprendizaje autodirigido.
- **Ecoembes:**[168] esta organización innovadora se dedica a la gestión y reciclaje de envases en España y fomenta la sostenibilidad local. Colabora con ayuntamientos y comunidades para implementar programas de concienciación y educación ambiental, establecer puntos de recogida y campañas informativas. Al empoderar a los ciudadanos como agentes de cambio, Ecoembes demuestra que la colaboración y la educación son esenciales para transformar la cultura del reciclaje.

Reflexión esencial: el poder trasciende la simple administración; se convierte en una herramienta fundamental para promover el bienestar social y fortalecer comunidades más equitativas.

Pregúntate: ¿de qué manera puedes incorporar los pilares de salud, educación y acción local en tus proyectos para maximizar su impacto positivo en la comunidad?

Conclusión

Incluir salud, educación y poder local en tus proyectos no sólo transforma vidas, sino que también proporciona ventajas com-

167. Véase la web de Khan Academy: <https://www.khanacademy.org>.
168. Véase la web de Ecoembes: <https://www.ecoembes.com/es>.

petitivas en el mercado. Estas iniciativas elevan el potencial de tus esfuerzos y te posicionan como líder en tu sector. Al inspirarte en ejemplos exitosos como Health Leads, Khan Academy y Ecoembes puedes optimizar tus propios proyectos y marcar la diferencia. ¡Aprovecha esta oportunidad para convertir tu iniciativa en un modelo de éxito y sostenibilidad!

18

Poder y cambio climático

El futuro será verde o no será.

JOCHEN ZEITZ[169]

En este apartado analizaremos la interrelación entre el poder político, económico y social en la lucha contra el cambio climático, y subrayaremos el papel esencial que pueden ocupar los ciudadanos. En un mundo afectado por la crisis climática, es crucial entender cómo las decisiones de poder configuran nuestro entorno y cómo podemos intervenir para mitigar sus efectos. Además, en la sección «poder revelado», descubrirás estrategias efectivas para utilizar la ecología en pos de tus objetivos.

169. Esta frase se atribuye a Jochen Zeitz, CEO alemán defensor de la sostenibilidad. Aunque no proviene de una obra específica, se ha utilizado en conferencias sobre medio ambiente y refleja la necesidad de adoptar prácticas sostenibles para garantizar un futuro viable para el planeta.

18.1. Políticas climáticas y poder gubernamental

Las políticas climáticas son fundamentales en la respuesta global al cambio climático. A través del análisis de diversas estrategias gubernamentales, podemos identificar qué acciones han funcionado y cuáles no. Por ejemplo, la implementación de impuestos al carbono en países como Suecia ha resultado efectiva para reducir las emisiones de gases de efecto invernadero,[170] además, ha generado ingresos que se reinvierten en energías renovables y transporte sostenible. En contraste, la falta de políticas claras en otros países ha obstaculizado un progreso significativo en la mitigación del cambio climático.

18.2. El papel de las empresas

Las empresas juegan un rol crucial en la crisis climática, y su capacidad para influir en el cambio es cada vez más evidente. La responsabilidad corporativa y la sostenibilidad son vitales para el futuro del planeta. Un ejemplo notable es Iberdrola, una empresa española comprometida para liderar la transición hacia un modelo energético sostenible. Iberdrola ha implementado un plan para alcanzar la neutralidad de carbono en 2040,[171] invertir en energías renovables y expandir la infraestructura de redes inteligentes. Este tipo de liderazgo empresarial no sólo beneficia al medio ambiente, sino que también responde a la creciente demanda de los consumidores de productos éticamente responsables.

170. Schiebe, Torbjörn, «¿Deberían todos los países del mundo copiar el impuesto al carbono de Suecia?», *Apolitical*, <https://apolitical.co/solution-articles/es/deberia-cada-pais-en-la-tierra-copiar-el-impuesto-al-carbono>.

171. «Presentamos a Naciones Unidades el Plan de Transición Climática acelerado», Iberdrola, Noticia, <https://www.iberdrola.com/sala-comunicacion/noticias/detalle/iberdrola-presenta-a-naciones-unidas-el-plan-de-transicion-climatica-acelerado>.

18.3. Participación ciudadana en la lucha climática

La participación ciudadana es un motor crucial de cambio en la lucha contra el cambio climático. Un ejemplo inspirador en España es el movimiento «¡Por el Clima!», que ha movilizado a miles de ciudadanos, en especial jóvenes,[172] para exigir acciones concretas. Su capacidad para organizarse y ejercer presión sobre los líderes políticos a través de marchas y protestas ha colocado la crisis climática en el centro del debate público. «¡Por el Clima!» no sólo ha hecho visible esta problemática, sino que también ha empoderado a las comunidades para actuar y educar sobre la necesidad de un futuro más sostenible.

18.4. Poder revelado: haz de tu proyecto un «movimiento ecológico»

En nuestra sociedad, el ecologismo se ha consolidado como una fuerza ideológica de gran prestigio. Alinear los productos y servicios de tu proyecto con esta poderosa corriente no sólo es una decisión responsable, sino también una jugada maestra. Integrar principios ecológicos en tus productos puede atraer un respaldo significativo, y elevar así su relevancia en un mercado cada vez más consciente. Observa cómo lo han logrado estas empresas:

- **Fairphone:**[173] empresa de tecnología que se enfoca en la producción de smartphones éticos y duraderos. Usando materiales reciclables y prácticas de comercio justo, Fairphone promueve la sostenibilidad en la industria tecnológica, y atrae a consumidores conscientes que valoran la responsabilidad ambiental y social. Este enfoque no sólo eleva la reputación de Fairphone, sino que también incita

172. Juventud por el Clima, Fridays For Future España, <https://juventudxclima.es>.

173. Véase la web de Fairphone: <https://www.fairphone.com/nl>.

a una reflexión crítica sobre el impacto ambiental en la electrónica.

- **Ecoalf:**[174] marca de ropa que utiliza materiales reciclados y se enfoca en la sostenibilidad. Al alinearse con la creciente corriente del ecologismo, Ecoalf ha logrado atraer a un público que valora el cuidado del medio ambiente, y ha aumentado así su influencia en un mercado demandante de responsabilidad social.

Reflexión esencial: la lucha contra el cambio climático no sólo se basa en políticas y tecnologías, sino también en nuestra capacidad colectiva para actuar responsable y conscientemente en cada decisión que tomamos.

Pregúntate: ¿cómo puedes integrar la sostenibilidad en tu proyecto para generar beneficios económicos mientras contribuyes a la lucha contra el cambio climático?

Conclusión

La acción climática exige la colaboración entre los poderes políticos, empresariales y ciudadanos. Implementar prácticas verdes de manera innovadora no sólo fortalecerá tu proyecto, sino que también contribuirá a un futuro más sostenible. Inspírate en iniciativas exitosas y convierte tus jugadas emprendedoras en un referente de cambio ecológico. ¡Deja que tu compromiso impulse un futuro más verde y atraiga seguidores!

174. Véase la web de Ecoalf: <https://ecoalf.com>.

19

Ética del poder: navegar entre la influencia y el bien común

> El poder no corrompe. El miedo corrompe, tal vez el miedo a perder el poder.
>
> John Steinbeck[175]

En un mundo en el que el poder fluye a través de diferentes canales, la reflexión ética es fundamental. Cada forma de poder, desde la influencia de un líder hasta la fuerza de una institución, tiene un impacto profundo en la sociedad. Para navegar este complejo panorama, debemos considerar las implicaciones éticas de cada tipo de poder y cómo garantizar que su uso esté alineado con el bien común. En este capítulo exploraremos la ética inherente a cada tipo de poder, proporcionando ejemplos contemporáneos que ilustran las consecuencias, tanto positivas como negativas, de las decisiones éticas y antiéticas. En la sección de «poder revelado», aprenderás a aprovechar eficaz-

175. Esta frase, aunque no literal, proviene de *El invierno de nuestro descontento* (1961), de John Steinbeck, donde aborda temas de moralidad, ética y las dinámicas del poder en la sociedad.

mente las iniciativas éticas para maximizar tus oportunidades de mercado.

19.1. La ética en todos los tipos de poder

Poder biológico: respetar la dignidad humana

En el ámbito de la salud y la biomedicina, la ética nos recuerda que la dignidad humana debe estar por encima de cualquier otro interés. El acceso universal a la salud, la autonomía del paciente, la investigación biomédica responsable y la gestión eficiente de los recursos son pilares fundamentales para el ejercicio ético del poder biológico.

- **Ejemplo positivo:** Paul Farmer, cofundador de Partners In Health,[176] ha dedicado su carrera a proporcionar atención médica a comunidades desatendidas en todo el mundo. Su labor enfatiza el valor intrínseco de cada vida y su incansable lucha por el acceso equitativo a la salud.
- **Ejemplo negativo:** el acceso desigual a vacunas o tratamientos en contextos de pandemia, exponiendo a ciertas poblaciones a un riesgo mayor, ilustra el lado oscuro del poder biológico.
- **Reflexión:** ¿cómo garantizas la equidad en el acceso a los recursos del poder biológico en tus proyectos?

Poder emocional: inspirar, no manipular

Los líderes que se valen del poder emocional tienen un deber moral: inspirar y motivar a los demás sin manipular sus emociones ni aprovecharse de sus vulnerabilidades. El diálogo constructivo, la transparencia y la autenticidad son claves para ejercer esta influencia de forma ética.

176. Véase la web de Partners In Health: <https://www.pih.org>.

- **Ejemplo positivo:** Michelle Obama ha utilizado su plataforma[177] para inspirar a jóvenes y mujeres en todo el mundo. A través de su libro *Becoming*[178] y sus poderosos discursos, comparte su historia personal conectando emocionalmente con millones de seguidores y animándolos a perseguir sus sueños con determinación.
- **Ejemplo negativo:** campañas políticas que explotan el miedo o la indignación de la población para manipular el voto ilustran la falta de ética en el uso del poder emocional.
- **Reflexión:** ¿qué medidas puedes tomar para asegurar un uso ético de tu poder emocional en tus interacciones personales?

Poder comunicativo: la verdad como guía

La honestidad y la transparencia son esenciales en el ejercicio del poder comunicativo. Los datos deben transmitirse con veracidad, evitando la desinformación y el sensacionalismo, especialmente en un mundo donde las redes sociales nos inundan de sobreinformación y la proliferación de noticias falsas es una amenaza constante.

- **Ejemplo positivo:** periodistas comprometidos con la verificación de la información y la transmisión objetiva de la noticia.
- **Ejemplo negativo:** la difusión intencionada de noticias falsas o la manipulación de datos para influir en la opinión pública.
- **Reflexión:** ¿qué estrategias puedes implementar para garantizar la integridad de tu comunicación y prevenir la propagación de desinformación?

177. Véase la web de Michelle Obama Books: <https://michelleobamabooks.com/becoming>.

178. Obama, Michelle, *Becoming: Michelle Obama*, Penguin Random House LLC, Nueva York, 2018.

Poder social: abrazar la justicia social

El poder social debe estar al servicio de la justicia social y promover la equidad y el bienestar de todos los miembros de la sociedad. La lucha contra la discriminación, la protección de los derechos humanos y la construcción de una comunidad más igualitaria e inclusiva son pilares fundamentales para un ejercicio ético del poder social.

- **Ejemplo positivo:** Leymah Gbowee, activista por la paz de Liberia,[179] encabezó un movimiento pacífico de mujeres que fue crucial para poner fin a la segunda guerra civil liberiana. Su dedicación incansable ha inspirado a mujeres en África y en todo el mundo, convirtiéndola en un símbolo poderoso de la lucha por la justicia social.
- **Ejemplo negativo:** el uso del poder social para excluir, marginar o incitar al odio contra grupos específicos.
- **Reflexión:** ¿qué acciones puedes emprender para fortalecer la justicia social?

Poder institucional: transparencia y responsabilidad

Como guardianas del orden social, las instituciones tienen el compromiso de operar bajo principios de integridad, transparencia y responsabilidad. La rendición de cuentas a la ciudadanía, la honestidad en sus acciones y la lucha contra la corrupción son aspectos esenciales de la ética institucional.

- **Ejemplo positivo:** Kofi Annan, ex secretario general de la ONU,[180] promovió la transparencia y la responsabilidad en las organizaciones internacionales, abogando por la refor-

179. Véase la web de Casa África: <https://www.casafrica.es/es/persona/leymah-roberta-gbowee>.

180. Véase la web de las Naciones Unidas: <https://research.un.org/es/docs/secretariat/sg/annan>.

ma y la colaboración para garantizar que las instituciones actúen en beneficio de la humanidad.

- **Ejemplo negativo:** instituciones gubernamentales que operan con opacidad, favoreciendo intereses particulares.
- **Reflexión:** ¿cómo puedes fomentar la transparencia y la rendición de cuentas en las instituciones con las que interactúas?

Poder económico: responsabilidad social corporativa

El poder económico debe ejercerse con compromiso social para asegurar que las decisiones empresariales se alineen con el bien común y el desarrollo sostenible. El impacto ambiental de las actividades económicas, la promoción de la responsabilidad social corporativa y la lucha contra la desigualdad en este ámbito son aspectos clave de la ética empresarial.

- **Ejemplo positivo:** Richard Branson, fundador de Virgin Group, ha impulsado la responsabilidad social a través de su organización Virgin Unite.[181] Con proyectos que van desde la conservación ambiental hasta la mejora de la educación, Branson ejemplifica cómo un empresario exitoso puede utilizar su poder económico para generar un impacto positivo en la sociedad.
- **Ejemplo negativo:** empresas que externalizan la producción a países con bajos estándares laborales o que priorizan las ganancias económicas por encima del bienestar social y medioambiental.
- **Reflexión:** ¿cómo puedes integrar prácticas éticas y sostenibles en tu actividad económica?

181. Véase la web de Virgin Unite: <https://unite.virgin.com>.

Poder político: priorizar el interés público

Los líderes políticos deben enfatizar el interés público sobre los intereses individuales o de grupo y fomentar la participación ciudadana en el proceso democrático. La transparencia, la separación de poderes, la participación ciudadana y el respeto de las decisiones de la justicia son pilares fundamentales de la ética política.

- **Ejemplo positivo:** Jacinda Ardern, primera ministra de Nueva Zelanda, ha sido aclamada por su enfoque en la transparencia y la inclusión,[182] priorizando el bienestar de sus ciudadanos a lo largo de su liderazgo.
- **Ejemplo negativo:** el abuso de poder y la corrupción política que deslegitiman las instituciones.
- **Reflexión:** ¿qué acciones puedes tomar para promover prácticas políticas éticas y transparentes?

Poder estratégico: visión a largo plazo

La planificación y la toma de decisiones estratégicas deben tener en cuenta las consecuencias a largo plazo. Es necesario evaluar el impacto de las decisiones no sólo en el ámbito económico, sino también en el social y ambiental para asegurar un futuro responsable y sostenible.

- **Ejemplo positivo:** Justin Trudeau, como primer ministro de Canadá,[183] demostró un liderazgo estratégico frente a desafíos significativos como la crisis de refugiados y el

182. «Las claves que han llevado a Jacinda Ardern a ser considerada "la líder más eficaz del planeta"», Sánchez Sánchez, María, *El País*, <https://elpais.com/smoda/trabajo/jacinda-arden-lider-mas-eficaz-planeta.html>.

183. Véase la web del Parlamento de Canadá, «The Right Honourable Justin Trudeau», <https://www.ourcommons.ca/members/en/justin-trudeau(58733)>.

cambio climático. Su firme compromiso con políticas inclusivas y sostenibles ha inspirado a líderes de todo el mundo a seguir su ejemplo.

- **Ejemplo negativo:** decisiones empresariales que anteponen las ganancias a corto plazo, ignorando el impacto ambiental y social.
- **Reflexión:** ¿cómo puedes incorporar una perspectiva a largo alcance en tus decisiones estratégicas que beneficie tanto a ti como a tu comunidad?

Poder técnico-tecnológico: responsabilidad por la innovación

El avance tecnológico plantea dilemas éticos significativos, como la privacidad, la vigilancia y el uso de datos. Es fundamental que quienes ejercen este poder actúen con un sentido de responsabilidad hacia la sociedad. Se necesitan normas éticas para el uso de la tecnología, la protección de la privacidad y la prevención de la vigilancia sin control.

- **Ejemplo positivo:** Tim Berners-Lee, inventor de la World Wide Web,[184] defiende un internet libre y accesible. A través de su iniciativa Solid,[185] trabaja para devolver a los usuarios el control sobre sus datos personales, promoviendo así la privacidad y la ética en el uso de la tecnología. Su visión destaca cómo el poder tecnológico puede salvaguardar los derechos digitales de las personas.
- **Ejemplo negativo:** el uso de tecnologías para la vigilancia masiva sin el consentimiento informado.
- **Reflexión:** ¿qué innovaciones tecnológicas puedes impulsar que coloquen la ética en primer plano?

184. Véase la web de la World Wide Web: <https://webfoundation.org>.
185. Véase la web de Solid: <https://solidproject.org>.

Poder cultural: celebrar la diversidad

La ética en el poder cultural implica la promoción de la diversidad, la equidad y la inclusión, y garantizar que las representaciones culturales no perpetúen estereotipos dañinos. Es fundamental promover la pluralidad cultural, luchar contra la discriminación y fomentar el respeto por las diferentes tradiciones y valores siempre que sea posible.

- **Ejemplo positivo:** Javier Bardem, reconocido actor español, ha usado sus plataformas sociales para promover la inclusión en el cine, abogando por la igualdad de género y las representaciones diversas.[186] Su compromiso con el activismo lo ha consolidado como referente cultural que inspira un cambio positivo tanto en la industria como en la sociedad.
- **Ejemplo negativo:** obras de arte o productos culturales que refuerzan estereotipos negativos.
- **Reflexión:** ¿cómo puedes aprovechar tu influencia cultural para fomentar la inclusión?

19.2. Poder revelado: impulsa tu proyecto con la fuerza de la ética

En el entorno empresarial actual, conectar tus productos y servicios con iniciativas éticas es una estrategia altamente ventajosa. La ética disfruta de un reconocido prestigio social, y al alinearse con ella, tu proyecto gana aceptación popular. Este enfoque eleva la imagen de marca y facilita la venta de productos al construir relaciones de confianza y lealtad. Inspírate en estas empresas que utilizan iniciativas éticas para fortalecer su conexión con los consumidores:

186. «Javier Bardem continúa en la ONU su batalla para proteger los océanos», *El País*, <https://elpais.com/elpais/2019/08/20/gente/1566290506_889163.html>.

- **La Fageda:**[187] esta cooperativa catalana ejemplifica el modelo de empresa social al producir lácteos mientras brinda oportunidades laborales a personas con discapacidad intelectual y en riesgo de exclusión social. Al mejorar la calidad de vida de sus empleados y crear productos de alta calidad, La Fageda genera un impacto social positivo que resuena en consumidores comprometidos con la responsabilidad social.
- **Algramo:**[188] esta empresa chilena transforma la compra de productos básicos con dispensadores inteligentes que permiten la venta a granel, y reduce así los plásticos de envase de un solo uso. Al combinar sostenibilidad con precios accesibles, Algramo no sólo atrae a consumidores preocupados por el medio ambiente, sino que también crea un vínculo fuerte con quienes valoran soluciones económicas y responsables.

Reflexión esencial: la ética del poder no sólo es un imperativo moral; es una estrategia esencial para construir relaciones sólidas y duraderas que impulsen el bien común.

Pregúntate: ¿cómo puedes incorporar principios éticos en tus iniciativas personales y profesionales para amplificar tu impacto positivo en la sociedad?

Conclusión

La ética es fundamental para orientar el poder hacia el bien común. Al integrarla en cada tipo de poder, ya sea biológico, económico o cualquier otro, transformamos positivamente la sociedad y ganamos confianza y lealtad. ¡Incorpora la ética en tu proyecto! Al hacerlo, no sólo obtendrás una ventaja comercial que se rentabilizará, sino que también contribuirás a un futuro más sostenible.

187. Véase la web de La Fageda: <https://www.fageda.com/es/>.
188. Véase la web de Algramo: <https://algramo.com>.

20

Poder y resiliencia: desafiar la crisis

> Puede que debas luchar una batalla más de una vez para poder ganarla.
>
> MARGARET THATCHER[189]

En un mundo lleno de incertidumbre, la resiliencia emerge como una cualidad esencial para comunidades, empresas y Estados. Más que la capacidad de recuperarse, la resiliencia implica adaptarse, aprender y crecer a partir de las experiencias adversas. En este capítulo exploraremos cómo los diferentes tipos de poder (social, emocional, institucional, económico, político, estratégico, comunicativo y cultural) se manifiestan en situaciones de crisis, y permiten la unión y movilización ante los desafíos. Igualmente, en la sección de «poder revelado», descubrirás cómo la resiliencia puede potenciar el éxito de tus proyectos.

189. Margaret Thatcher, ex primera ministra del Reino Unido, defendió la perseverancia en la política. Aunque esta frase no se encuentra en un discurso específico, es vista en el ámbito sociocultural como un reflejo de su tenaz filosofía durante su mandato en los años ochenta.

20.1. Poderes transformadores en tiempos de crisis

- **Poder social y emocional:** la fortaleza de una comunidad se revela en su capacidad para unirse y responder a una crisis. A través de la colaboración y la solidaridad, se brinda el apoyo emocional necesario para cultivar un fuerte sentido de pertenencia. Un ejemplo notable es el terremoto en México en 2017,[190] cuando las comunidades se movilizaron para ofrecer asistencia médica y refugio, y se organizaron grupos dedicados a rescatar a personas desaparecidas.
- **Poder político y estratégico:** estos poderes son cruciales en la gestión de crisis. Las estructuras gubernamentales deben formular políticas y distribuir recursos con eficacia. Un destacado ejemplo es el manejo de la pandemia de COVID-19 en Nueva Zelanda, que implementó políticas de salud pública competentes, y controló la propagación del virus mediante una sólida planificación.
- **Poder económico e institucional:** la movilización de recursos económicos es vital durante las crisis. Las sociedades enfrentan adversidades a través de donaciones y microfinanzas, apoyadas por la actividad de instituciones como las ONG. Durante la crisis financiera de 2008 en España, muchas comunidades formaron cooperativas para respaldar pequeños negocios y revitalizar la economía local, lo que resalta la importancia de la colaboración ante los desafíos.
- **Poder comunicativo y cultural:** en momentos de crisis, estos poderes son esenciales para la cohesión social. La forma y rapidez de la información determinan cómo las comunidades enfrentan los desafíos. Un ejemplo son las inundaciones en Valencia a causa de la DANA en 2024, cuando los

190. Rojas, Ana Gabriela, «La solidaridad tras el terremoto en México: "Las lágrimas se me salían sin parar al ver tanta ayuda y oír a la gente cantar"», *BBC News Mundo*, <https://www.bbc.com/mundo/noticias-america-latina-41338737>.

medios y redes sociales fueron cruciales para difundir información sobre evacuaciones y permitir a los ciudadanos organizarse en el ofrecimiento de ayuda.[191] Además, artistas locales se involucraron para recaudar fondos y concienciar sobre la situación, y demostrar así la importancia de la solidaridad y la participación comunitaria desde la cultura.

20.2. Cultivando la resiliencia: un poder para la superación

La resiliencia es un poder dinámico que, al integrarse en tu forma de pensar y actuar, te permite enfrentar los desafíos y salir fortalecido. Este poder, crucial para el éxito sostenido, se basa en cinco pilares interconectados:

- **Estrategia y adaptabilidad (poder estratégico):** la resiliencia comienza con la capacidad de anticipar y adaptarse. Analiza tu entorno y evalúa riesgos para planificar adecuadamente. Esta flexibilidad te ayuda a mitigar los obstáculos y a aprovechar oportunidades inesperadas.
- **Maestría emocional (poder emocional):** desarrolla tu inteligencia afectiva para gestionar tus emociones y las de quienes te rodean. La autoconciencia y la regulación de tus sentimientos son clave para mantener la calma en momentos de estrés.
- **Comunicación efectiva (poder comunicativo):** comunica tus necesidades y planes con claridad y confianza. La habilidad de conectar emocionalmente con los demás te ayudará a enfrentar adversidades con determinación.
- **El poder de las redes (poder social):** cultiva redes humanas de apoyo que ofrezcan soporte emocional y recursos.

191. Guerra, Karen Nicole; y Cezón, Eva, «Un puente de solidaridad: Valencia se une para enfrentar la tragedia tras el paso de la DANA», RTVE Sociedad, <https://www.rtve.es/noticias/20241101/puente-solidaridad-valencia-se-une-para-enfrentar-tragedia-tras-paso-dana/16312003.shtml>.

Identifica aliados que fortalezcan tu capacidad de respuesta y recuperación; las relaciones sólidas son una fuente de poder.

- **Aprendizaje continuo (poder cultural):** aprende de tus errores y de experiencias ajenas. Considera los obstáculos como oportunidades de crecimiento y documenta tu progreso para identificar áreas de mejora. El aprendizaje constante enriquece tu resiliencia.

20.3. Poder revelado: desbloquea la resiliencia en tus proyectos

La resiliencia no sólo es esencial durante las crisis, sino que debe integrarse de manera estratégica en el desarrollo de proyectos. Las empresas resilientes sobreviven a las adversidades, pero también emergen fortalecidas al adoptar nuevos enfoques de mercado. Inspira tus iniciativas con estos ejemplos:

- **Airbnb:**[192] durante la pandemia, la empresa enfrentó una drástica caída en los viajes. Sin embargo, en lugar de rendirse, implementó políticas de cancelación flexibles que permitieron a los huéspedes anular sus reservas sin penalización, lo que generó confianza en un momento de incertidumbre. Además, diversificó su oferta al introducir experiencias en línea. Esta combinación de estrategias no sólo les permitió sobrevivir, sino que también destacó la importancia de ser flexible ante circunstancias cambiantes.
- **Starbucks:**[193] en la crisis de 2008, Starbucks vio cómo sus ventas caían. En vez de realizar recortes, implementó un

192. «Airbnb: recuperación en tiempo récord del batacazo del turismo», DEFACTO Strategic Marketing, <https://www.defacto-pr.com/airbnb-estrategia-recuperacion-crisis/>.

193. Pozo, Manuel del, «Starbucks se reinventó para evitar la quiebra», *Expansión.com*, <https://www.expansion.com/2011/08/09/entorno/1312923306.html>.

ambicioso plan de revitalización que mejoró la experiencia del cliente, introdujo nuevas bebidas e hizo más funcionales sus espacios. Asimismo, involucró a la comunidad en iniciativas de responsabilidad social, lo que no sólo reforzó la lealtad del consumidor, sino que también posicionó a la marca como un referente filantrópico.

Reflexión esencial: la resiliencia es un motor vital que impulsa la superación de desafíos y los convierte en oportunidades para el crecimiento.

Pregúntate: ¿cómo puedes integrar los diferentes tipos de poder en tu proyecto para resistir la adversidad y, al mismo tiempo, prosperar en ella?

Conclusión

La intersección entre los poderes y la resiliencia en tiempos de crisis evidencia la capacidad de las comunidades para unirse y superar adversidades. Al movilizar recursos y combinar diferentes tipos de poder, se crea un entorno más robusto y solidario. Aprovecha esta comprensión para fortalecer tus proyectos, y convierte cada desafío en una oportunidad que te permita innovar y avanzar hacia el éxito. ¡Recuerda que cada obstáculo es una oportunidad disfrazada para alcanzar tu triunfo!

21

El poder de la desinformación

> La verdad es como el sol. Puedes esconderla por un tiempo, pero no se irá.
>
> ELVIS PRESLEY[194]

¡Protégete de la información engañosa que puede distorsionar tu percepción! En la actualidad, esta táctica se ha convertido en un poderoso instrumento de manipulación que influye indebidamente en decisiones políticas y públicas. En un entorno en el que la información circula con rapidez y sin filtros, es fundamental aprender a identificar y desafiar esta distorsión para empoderar a los ciudadanos con la verdad y fortalecer nuestras democracias. En suma, veremos cómo utilizar la transparencia en tus proyectos para crear un vínculo más sólido y auténtico con tu público.

194. Esta frase se atribuye a Elvis Presley, pero no proviene de una obra específica. A menudo se menciona en entrevistas y refleja su perspectiva sobre la verdad, y destaca que aunque se la oculte, siempre saldrá a la luz.

21.1. La naturaleza de la desinformación

La desinformación se refiere a la difusión de información falsa o engañosa de manera intencionada o no intencionada.[195] Este fenómeno ha adquirido una relevancia crítica en la era digital, en la que las plataformas de redes sociales permiten que el contenido se comparta y se viralice con rapidez. Es básico distinguir entre:

- **Desinformación:** información deliberadamente falsa o engañosa presentada como si fuera verdadera.
- **Desinformación maliciosa:** es creada y difundida con la intención de manipular o engañar a la audiencia, a menudo con fines políticos o financieros.
- **Errores involuntarios:** información incorrecta que se comparte sin intención de engañar. Aunque menos dañina, puede contribuir a la confusión general.

21.2. Impacto en la opinión pública

La desinformación tiene un impacto significativo en la manera en que las personas perciben la realidad y toman decisiones. A continuación, presentamos algunos ejemplos de cómo ha moldeado percepciones y afectado a la política:

- **Campañas electorales:** durante elecciones recientes, diversas campañas han utilizado desinformación para influir en la opinión pública. Por ejemplo, la difusión de noticias falsas sobre candidatos puede cambiar la percepción que tienen los votantes y afectar así a los resultados electorales.
- **Crisis de salud colectiva:** durante la pandemia de COVID-19, la desinformación sobre la eficacia de las vacunas y trata-

195. «Cómo detectar y combatir la desinformación», Unión Europea, <https://learning-corner.learning.europa.eu/learning-materials/staying-vigilant-online-can-you-spot-information-manipulation_es>.

mientos causó desconfianza y resistencia,[196] lo que complicó los esfuerzos de salud pública.
- **Consecuencias sociales:** la desinformación tiene el potencial de polarizar a la sociedad y crear conflictos. Por ejemplo, el uso de desinformación en torno a temas raciales o sociales puede exacerbar tensiones y generar violencia.

21.3. Herramientas para la verificación de información

Combatir la desinformación es un desafío, pero existen recursos y estrategias que puedes utilizar para verificar el contenido antes de compartirlo:

- **Plataformas de verificación de datos:** sitios web como FactCheck.org, Snopes y PolitiFact[197] se dedican a investigar y verificar la veracidad de las afirmaciones en los medios y las redes sociales.
- **Educación sobre medios:** fomentar la alfabetización mediática permite a las personas analizar críticamente la información que consumen. Esto incluye aprender a identificar fuentes confiables y reconocer sesgos.
- **Técnicas de verificación:** al evaluar información, los ciudadanos deben cuestionar la fuente, buscar evidencias que respalden las afirmaciones y contrastar los datos antes de aceptarlos como verdad.

196. «La desinformación alimenta las dudas sobre las vacunas contra la COVID-19, según la directora de la OPS», Organización Panamericana de la Salud, <https://www.paho.org/es/noticias/21-4-2021-desinformacion-alimenta-dudas-sobre-vacunas-contra-covid-19-segun-directora-ops>.

197. Véanse las webs de Factcheck, <https://www.factcheck.org>; Snopes, <https://www.snopes.com>; y Polifact, <https://www.politifact.com>.

21.4. Poder revelado: impulsa tu proyecto con la transparencia

En un mundo en el que la desinformación puede distorsionar percepciones, añadir transparencia a tu proyecto se convierte en una poderosa ventaja estratégica. Al abrir tus operaciones y decisiones a tus clientes, no sólo elevas la integridad de tu marca, sino que también creas vínculos de confianza y cercanía que son fundamentales para el éxito a largo plazo. Inspírate con estos ejemplos de emprendedores que aplican la transparencia como un recurso de poder:

- **Tony's Chocolonely:** esta marca de chocolate se distingue por su compromiso con prácticas justas y sostenibles.[198] Tony's comparte abiertamente información sobre toda su cadena de suministro, y destaca sus esfuerzos para erradicar el trabajo infantil y la esclavitud moderna en la producción de cacao. Al practicar una transparencia radical, la marca fortalece su reputación y construye un vínculo de confianza con sus consumidores.
- **Allbirds:** esta compañía de calzado sostenible es conocida por su compromiso con la transparencia y la protección del entorno.[199] Publica información sobre los materiales que utiliza, su huella de carbono y los pasos que toma para minimizar el impacto ambiental de sus productos. Al comunicar abiertamente estos detalles, Allbirds fortalece la confianza y lealtad de sus clientes, y se destaca en el mercado de la moda sostenible por su enfoque honesto y responsable.

Reflexión esencial: la desinformación es un obstáculo significativo, pero al reconocerla y desafiarla, se transforma en una

198. Véase la web de Tony's Chocolonely: <https://us.tonyschocolonely.com/pages/our-promise>.

199. Véase la web de Allbirds: <https://www.allbirds.com/pages/sustainable-practices>.

oportunidad para empoderarnos y fortalecer nuestras comunidades.

Pregúntate: ¿de qué manera puedes actuar como defensor de la verdad en tu entorno y emplear la transparencia como herramienta para potenciar tu proyecto?

Conclusión

La desinformación es una fuerza poderosa que distorsiona nuestra percepción de la realidad. En este contexto, los proyectos pueden potenciarse significativamente mediante la adopción de prácticas transparentes. Al abrir tus operaciones y comunicarte de manera honesta, fortaleces la confianza y lealtad de los clientes, diferenciándote en el mercado. ¡Haz de la transparencia el sello distintivo de tu marca y observa cómo contribuye a tu éxito!

22

Poder en la era digital: influencia y responsabilidad

> El mundo se puede cambiar en 140 caracteres.
>
> Jack Dorsey[200]

En la actualidad, la inteligencia artificial y la digitalización redefinen el poder en múltiples dimensiones. En este apartado abordaremos la influencia fundamental que ejercen las plataformas digitales en las dinámicas de poder, en especial a través de las redes sociales. Con el 63 por ciento de la población mundial utilizando estos espacios en línea en 2024,[201] entender las implicaciones de esta revolución informativa es más vital que nunca. En el apartado «poder revelado», también encontrarás proyectos

200. Esta cita de Jack Dorsey, cofundador de Twitter (ahora X), destaca el poder de la comunicación digital concisa. Aunque no se conoce su contexto exacto, refleja la filosofía de X y su influencia en el discurso social y político.

201. Forner, Pau, «Estadísticas del uso de redes sociales en 2024 (informe España y mundo)», *Una Vida Online*, <https://unavidaonline.com/estadisticas-redes-sociales/#:~:text=Creado%20con%20Datawrapper-,%20Mundo,(%2B56%2C2%25)>.

inspiradores que han aprovechado al máximo el potencial de las redes sociales para alcanzar el éxito.

22.1. Redes sociales: un megáfono de poder

Las redes sociales sirven como un megáfono que amplifica tanto las voces constructivas como las destructivas, democratizando el acceso a la información. Este poder permite a los ciudadanos movilizarse y compartir ideas, pero también presenta riesgos: un estudio de Pew Research indica que el 64 por ciento de los estadounidenses advierte que las publicaciones falsas distorsionan la percepción pública sobre temas clave.[202] Por ello, cultivar habilidades de pensamiento crítico y alfabetización mediática es esencial para utilizar este megáfono de manera efectiva y responsable.

22.2. Tecnología digital y poder político

Al permitir la personalización a través de datos y algoritmos, la tecnología ha revolucionado las campañas políticas. Un ejemplo clave es la campaña de Podemos en España en 2014,[203] que utilizó herramientas digitales para conectar directamente con los ciudadanos y logró que su mensaje resonara en un público joven y desilusionado con la política tradicional. Este enfoque innovador y transformador subraya la capacidad de la tecnología para influir en el panorama político, redefiniendo las estrategias y dinámicas de participación ciudadana en la era contemporánea.

202. Auxier, Brooke, «64 % of Americans say social media have a mostly negative effect on the way things are going in the U.S. today», Pew Research Center, <https://www.pewresearch.org/short-reads/2020/10/15/64-of-americans-say-social-media-have-a-mostly-negative-effect-on-the-way-things-are-going-in-the-u-s-today/>.

203. Barrio, Ana del, «Las claves del éxito de Podemos: "No somos herederos del 15-M"», *El Mundo*, <https://www.elmundo.es/espana/2014/05/26/53833e00e2704e530f8b4579.html>.

22.3. *Influencers*: nuevos agentes de cambio

Moldeando opiniones y estableciendo tendencias, los *influencers* se han convertido en actores clave en el ecosistema digital. A través de plataformas como Instagram y TikTok, pueden promover estilos de vida sostenibles y generar interés en causas sociales. Por ejemplo, la *influencer* española Elvira Sastre aboga por la lectura y los derechos humanos, mientras que el chef Ángel León impulsa la sostenibilidad marina y la innovación gastronómica. Estos líderes digitales tienen el potencial de inspirar a sus seguidores a ser más conscientes y activos en su búsqueda de un mundo mejor.

22.4. Poder revelado: potencia tu proyecto con expansión digital

Una vez que tu proyecto despliega su poder de forma original, expandir su alcance a través de las redes sociales es esencial. Estas plataformas te permiten conectar con públicos más amplios y compartir tu visión con autenticidad. Utiliza su capacidad para narrar tu historia y así cultivar una comunidad comprometida y leal. Aquí tienes dos ejemplos inspiradores de iniciativas que han amplificado su impacto gracias al poder digital:

- **The Ocean Cleanup:** es un innovador proyecto que se dedica a eliminar plásticos del océano utilizando tecnología avanzada.[204] A través de su presencia en redes sociales, han movilizado a miles de seguidores y donantes, y han creado una comunidad global que respalda su misión. Publican en tiempo real sobre su progreso, y fomentan en su audiencia un sentido de pertenencia y participación.
- **ALS Ice Bucket Challenge:** en 2014 ésta fue una campaña viral para aumentar la conciencia y recaudar fondos para la investigación de la esclerosis lateral amiotrófica

204. Véase la web de The Ocean Cleanup: <https://theoceancleanup.com>.

(ELA).[205] Consistía en que las personas se echaban un cubo de agua helada sobre la cabeza, grababan el acto y lo compartían en redes sociales, y proponían a otros para participar. La campaña recaudó más de 115 millones de dólares y demostró el poder de las redes sociales para movilizar apoyo global en torno a una causa.

Reflexión esencial: en la era digital, el poder de la conexión y la comunicación es más significativo que nunca; la responsabilidad de utilizarlo de manera adecuada recae en nosotros.

Pregúntate: ¿cómo puedes capitalizar el poder de las redes sociales para expandir tus proyectos y crear una comunidad comprometida que comparta tu visión?

Conclusión

Las plataformas digitales son herramientas indispensables para llevar tu proyecto al siguiente nivel. Te proporcionan la capacidad de conectar directamente con tu público, construir comunidades dinámicas e incentivar la participación activa. Utiliza las redes sociales para comunicar tu mensaje, recibir valiosa retroalimentación y adaptarte a las expectativas de tus seguidores. ¡Emplea el poder digital para ampliar tu alcance e incrementar de manera significativa tu impacto!

205. Véase la web de ALS Ice Bucket Challenge: <https://www.als.org/ibc>.

23

El poder transformador de la religión

> Las religiones son como las luciérnagas: necesitan la oscuridad para brillar.
>
> ARTHUR SCHOPENHAUER[206]

La religión es un poder transformador que ejerce influencias tanto constructivas como destructivas en la sociedad. En esta obra la consideramos no como un poder independiente, sino como una expresión integrada en las dimensiones cultural, social, institucional y política. A lo largo de la historia, ha sido esencial para la cohesión de las comunidades, pero también ha sido catalizadora de conflictos. Su impacto se manifiesta a través de dinámicas complejas que moldean sociedades y culturas, y en este capítulo profundizaremos en cómo la religión interactúa y se entrelaza con diversas manifestaciones de poder. Adicionalmente, en la sección «poder revelado», descubrirás sorprendentes estrategias para incorporar las dinámicas cautivadoras de la religión en tus proyectos.

206. Schopenhauer, Arthur, *Parerga y paralipómena II*, traducción de Pilar López de Santa María, Trota, Madrid, 2009, p. 367.

23.1. Influencia cultural

La influencia cultural de la religión es profunda y perdurable, y configura valores y tradiciones esenciales para la identidad de los pueblos. Un ejemplo positivo es la Navidad, que aunque tiene raíces cristianas ha evolucionado para integrar elementos paganos y reflejar principios universales de generosidad y unión. Sin embargo, esta influencia puede convertirse en negativa; un caso contemporáneo son los atentados en París de noviembre de 2015, en los que extremistas distorsionaron la religión para justificar la violencia, y generaron profundas divisiones en la sociedad. Este ejemplo pone de relieve cómo en determinados contextos la religión puede ser utilizada como un instrumento de odio y fragmentación cultural, y revelar la compleja dualidad de su poder transformador.

23.2. Impacto social

La religión desempeña un papel crucial en la cohesión social al proporcionar un sentido de comunidad y pertenencia. Por ejemplo, tras el devastador terremoto en Marruecos en 2023,[207] la comunidad islámica local se movilizó con mezquitas y organizaciones benéficas para ofrecer ayuda esencial. Sin embargo, la religión también puede ser una fuente de división y violencia, como se ha evidenciado en la guerra civil en Siria, donde las diferencias sectarias han exacerbado el conflicto y llevado a una devastación masiva, fracturando comunidades y causando un sufrimiento incalculable.

23.3. Papel institucional

Las religiones operan a través de estructuras organizativas bien definidas que poseen un significativo poder institucional. Un

207. «La solidaridad de los marroquíes se multiplica tras el devastador terremoto de 2023», *Rue20 en español*, <https://es.rue20.com/2024/08/23/la-solidaridad-de-los-marroquies-se-multiplica-tras-el-devastador-terremoto-de-2023/>.

ejemplo es el trabajo de la Cruz Roja, con raíces en principios cristianos que promueven la compasión y la ayuda al prójimo.[208] Aunque hoy sea una organización secular, su impulso inicial se basó en ideales religiosos. Sin embargo, en momentos históricos, la influencia de la religión ha llevado a prácticas destructivas cuando instituciones religiosas han contribuido a la opresión y el conflicto. Por ejemplo, demostrando el uso perjudicial del poder religioso institucionalizado, el régimen talibán en Afganistán utiliza interpretaciones extremas de la ley islámica para oprimir a las mujeres y restringir libertades.

23.4. Dinámicas políticas

Históricamente, la religión ha jugado un papel fundamental en la política. Un ejemplo contemporáneo es la colaboración de organizaciones religiosas en el activismo ambiental, como la «Iniciativa de los Líderes Religiosos por el Clima».[209] Sin embargo, la religión también puede ser un agente divisivo, como lo demuestran los extremistas que utilizaron la fe para justificar los ataques del 11-S a las Torres Gemelas, evidenciando cómo las interpretaciones radicalizadas pueden generar terror y desequilibrio. Estos casos muestran que si bien la religión puede ser una fuerza de unidad, también tiene el potencial de polarizar y provocar conflictos.

208. «Cruz Roja atendió a más de 12 millones de personas en 2022», Cruz Roja, <https://www2.cruzroja.es/web/ahora/-/cruz-roja-atendio-a-mas-de-12-millones-de-personas-en-2022>.

209. «Los líderes religiosos se unen a la lucha contra el cambio climático», Protestante Digital, <https://protestantedigital.com/suenos-de-otro-mundo/68930/los-lideres-religiosos-se-unen-a-la-lucha-contra-el-cambio-climatico>.

23.5. Poder revelado: haz de tu proyecto un «movimiento religioso»

Ciertas empresas han cultivado dinámicas religiosas constructivas que forjan lealtades comparables a las de comunidades de fe.[210] Un ejemplo emblemático es Steve Jobs, que trayendo innovaciones que parecían casi sobrenaturales se posicionó como una especie de profeta secular, un «Moisés de la tecnología». Jobs no sólo imaginó un futuro mejor, sino que lo presentó como un destino inevitable y generó fervor en los consumidores. Esta poderosa narrativa colocó a Apple en el rol de redentor tecnológico, y la manzana, igual que una cruz, se convirtió en el nuevo símbolo religioso que ofrece experiencias que prometen «transformar tu realidad».

En este contexto, el iPhone se convierte en un objeto idolatrado, venerado con la misma devoción que se reserva a los textos sagrados de la Biblia. Poseer un iPhone no sólo implica adquirir un producto, es una declaración de lealtad a una marca que invita a «sacrificios» económicos, como la compra de la última versión cada año. Las presentaciones de nuevos productos se asemejan a ceremonias de culto, en las que Jobs se erige como un líder carismático que recita su «evangelio» tecnológico venidero y despierta el entusiasmo de sus seguidores.

La anticipación y entusiasmo que rodean cada lanzamiento, cuando millones de personas hacen fila para «recibir bendiciones», reflejan una devoción que trasciende el consumo cotidiano. Estas marcas crean una comunidad casi mágica, similar a la vivida en las iglesias, cuyos miembros se reúnen para celebrar su fe. Esto consolida la lealtad del consumidor como una forma de poder religioso y evoca la conexión emocional compartida que se siente al practicar una creencia.

Ahora, ¿cómo puedes infundir en tu proyecto esta energía casi religiosa para fortalecer la devoción de tus clientes? Considera qué elementos de tu marca pueden convertirse en símbolos de comunidad y pertenencia.

210. «¿Apple es un culto religioso?», *El Comercio*, <https://elcomercio.pe/tecnologia/actualidad/apple-culto-religioso-387836-noticia/>.

Reflexión esencial: la religión posee el poder de unir y transformar, pero su impacto depende de cómo la gestionemos e integremos en nuestras comunidades y proyectos.

Pregúntate: ¿qué acciones puedes realizar en tu proyecto para construir una red fuerte, fiel y comprometida?

Conclusión

La religión puede ser una fuerza poderosa que une a las personas en torno a causas compartidas, pero si se gestiona mal, también se vuelve destructiva. Más allá de su ambivalencia, lo cierto es que consigue mover a las masas de una forma casi fanática. ¿Y si tu proyecto pudiera aprovechar ese mismo poder? Imagina convertirlo en un «movimiento religioso» que genere lealtades apasionadas y potencie tus ventas. Crea una narrativa impactante y genuina que haga que tu público se sienta parte de algo grande. ¡Es hora de ser «más religioso» en tu proyecto!

24

Poderes globales y geopolítica

> Los imperios no tienen interés en operar dentro de un sistema internacional. Aspiran a ser el sistema internacional.
>
> Henry Kissinger[211]

En el actual panorama mundial, el poder político ha dejado de concentrarse exclusivamente en unas pocas superpotencias. En un mundo interconectado, la geopolítica es un entramado complejo de relaciones entre países, organismos internacionales y actores no estatales, y cada decisión repercute en la vida de millones. En este apartado exploraremos cómo estas dinámicas afectan a nuestro día a día y al equilibrio global. Finalmente, en la sección «poder revelado», conocerás inspiradores proyectos globales que ilustran el impacto transformador de la influencia expansiva.

211. Esta cita, atribuida a Henry Kissinger, ex secretario de Estado de EE. UU., no se encuentra en un discurso específico, pero se asocia a su análisis del poder imperial en la geopolítica. Kissinger trata estas ideas en *Diplomacy* (1994), donde examina las dinámicas del poder internacional.

24.1. La influencia de las superpotencias

Con políticas que impactan en la economía global, potencias como Estados Unidos y China[212] desempeñan un papel significativo en la configuración del orden mundial. Por ejemplo, la Iniciativa de la Franja y la Ruta de China está transformando la infraestructura en Asia y más allá,[213] aumentando su influencia en el comercio mundial. Paralelamente, el conflicto en Ucrania, impulsado por la invasión rusa, ha redefinido alianzas y estrategias de defensa en Europa y ha resaltado la necesidad de colaboración entre los Estados miembros de la OTAN. Además, la competencia tecnológica y comercial entre Estados Unidos y China no se limita a lo económico, también es una carrera por el liderazgo en áreas como la inteligencia artificial, crucial para la política internacional actual debido a su repercusión en la toma de decisiones estratégicas y la seguridad global.

24.2. Potencias emergentes y su futuro en el escenario geopolítico

Potencias nacionales emergentes como India, Brasil, Sudáfrica y Turquía están ganando influencia en el sistema internacional y aportan nuevas perspectivas y desafíos a la geopolítica.[214]

212. Jiménez, Estrella, *et al.*, «Estados Unidos-China, rivalidad por la hegemonía mundial», *Boletín Económico de ICE, Información Comercial Española*, n.º 3149-3150, agosto-septiembre de 2022, pp. 83-108, <https://dialnet.unirioja.es/servlet/articulo?codigo=8576751>.

213. Feingold, Spencer, «La iniciativa de la Franja y la Ruta de China que cumplió 10 años. Esto es lo que hay que saber», World Economic Forum, <https://es.weforum.org/agenda/2024/01/la-iniciativa-china-de-la-franja-y-la-ruta-cumple-10-anos-esto-es-lo-que-hay-que-saber/>.

214. Kreft, Heinrich, «Alemania, Europa y el auge de las nuevas potencias emergentes: los desafíos de un mundo multicéntrico», Real Instituto Elcano, <https://www.realinstitutoelcano.org/analisis/alemania-europa-y-el-auge-de-las-nuevas-potencias-emergentes-los-desafios-de-un-mundo-multicentrico/>; Moreno, Patricia, «¿Cuáles son los llamados "países emer-

La India, con su creciente población y su desarrollo tecnológico, puede alterar el equilibrio de poder en Asia, mientras que Brasil se esfuerza por liderar la sostenibilidad en América Latina. Sudáfrica representa la voz del continente africano en el escenario global, y Turquía, gracias a su posición estratégica, actúa como un nexo entre Oriente y Occidente. Otros países, como México y Vietnam, también están en ascenso y refuerzan su relevancia económica y política. La evolución de estas potencias emergentes promete reconfigurar el panorama geopolítico y dependerá de su capacidad para colaborar con aliados en la resolución de desafíos comunes.

24.3. Organismos internacionales y su rol en los poderes globales

Los organismos internacionales, como la ONU, la OMS y la UE, son críticos en la mediación de conflictos y la promoción de la cooperación.[215] Su función es esencial para abordar problemas globales como el cambio climático, el terrorismo y la salud pública. Sin embargo, su efectividad enfrenta desafíos, como se evidenció en la crisis en Siria o durante la pandemia de COVID-19, cuando el intercambio de información y la cooperación se volvieron vitales. Tras el Brexit, la Unión Europea se enfrenta al reto del creciente nacionalismo y la cohesión interna, lo que plantea interrogantes sobre su resiliencia y unidad. A pesar de estas dificultades, estos organismos siguen siendo modelos de colaboración global, y su adaptación a nuevas realidades será clave para su relevancia en un mundo en constante cambio.

gentes"?», *El Orden Mundial*, <https://elordenmundial.com/cuales-son-llamados-paises-emergentes/>.

215. «Mantener la paz y la seguridad internacionales», Naciones Unidas, <https://www.un.org/es/our-work/maintain-international-peace-and-security#:~:text=Tras%20la%20devastación%20de%20la,acuerdo%20a%20las%20partes%20implicadas>.

24.4. Poder revelado: visualiza tu proyecto a escala global

En un escenario mundial interconectado, es esencial que tu proyecto aspire a un impacto global. Al hacerlo, abres la puerta a nuevas oportunidades. A continuación presentamos dos ejemplos inspiradores de iniciativas que, con la estrategia adecuada, han logrado una proyección internacional y han demostrado que incluso los inicios más humildes pueden alcanzar un impacto omnipresente:

- **The Empowerment Plan:**[216] nacida en Detroit, capacita a personas sin hogar para fabricar abrigos que se convierten en sacos de dormir; además, proporciona empleo y un camino hacia la independencia. Este enfoque innovador ha inspirado iniciativas similares en todo el mundo. Su éxito internacional se ha visto potenciado por un uso eficaz de las redes sociales, lo que les permite compartir su impacto transformador y motivar a otros para seguir su modelo.
- **Glovo:**[217] nacida en Barcelona en 2015 como una modesta *start-up*, ha revolucionado el consumo en línea al ofrecer entregas rápidas de productos. Su asombrosa expansión a más de 20 países ha creado un puente entre pequeños comercios y una vasta base de clientes que ha fortalecido la economía local. A medida que Glovo crece, genera nuevas oportunidades laborales para repartidores y redefine la experiencia de compra en la era digital.

Reflexión esencial: en un mundo interconectado, nuestras acciones y decisiones pueden resonar más allá de las fronteras, subrayando la importancia de actuar con visión y responsabilidad en el ámbito global.

216. Véase la web de The Empowerment Plan: <https://www.empowermentplan.org>.
217. Véase la web de Glovo: <https://glovoapp.com>.

Pregúntate: ¿cómo puedes diseñar tus proyectos para que ocasionen no sólo un impacto local, sino también un cambio positivo en la comunidad global?

Conclusión

Las interacciones entre superpotencias y países emergentes destacan que cada decisión tiene el poder de influir en un contexto más amplio. En el complejo escenario internacional, es esencial que tu proyecto, por modesto que sea, aspire a crear un impacto global. Inspírate en ejemplos que han extendido sus iniciativas mediante una visión ambiciosa y una conexión sólida con la comunidad. ¡Recuerda que tu enfoque puede generar un cambio significativo en el mundo; no subestimes la fuerza de actuar y soñar en grande!

25

El poder militar: nuevas armas y su impacto mundial

La innovación surge en los límites.

SIMON SINEK[218]

En el siglo XXI, la naturaleza de la guerra ha evolucionado drásticamente. Las tecnologías innovadoras han redefinido no sólo las estrategias militares, sino también la percepción del poder político. En este capítulo analizaremos cómo las nuevas armas y tecnologías impactan en el equilibrio global y moldean nuestro futuro. Asimismo, en la sección «poder revelado», descubriremos la vital importancia de impulsar la innovación en tus proyectos para llevarlos al siguiente nivel.

218. Sinek, Simon, *Empieza con el porqué*, traducción de Martín Rodríguez-Courel Ginzo, Urano, Barcelona, 2018. La cita mencionada refleja las ideas desarrolladas a lo largo del capítulo 6, titulado «El surgimiento de la confianza».

25.1. La carrera armamentística tecnológica

La competencia por la supremacía tecnológica militar está en pleno auge, con países que invierten miles de millones en innovaciones que otorgan ventajas estratégicas. La militarización del espacio, por ejemplo, es un área preocupante[219] en la que potencias como Estados Unidos, China y Rusia desarrollan capacidades para desplegar armas espaciales, lo que convierte el dominio del espacio exterior en una nueva dimensión del conflicto.

El desarrollo de armas hipersónicas, capaces de alcanzar cinco veces la velocidad del sonido,[220] y armas de energía dirigida,[221] como los láseres que interceptan amenazas a la velocidad de la luz, está redefiniendo la carrera armamentística. Este avance no sólo transforma las capacidades bélicas, sino que también afecta a las estrategias de defensa en un contexto geopolítico cada vez más tenso.

25.2. El desafío ético: armas autónomas y el futuro de la guerra

El surgimiento de armas autónomas y sistemas impulsados por inteligencia artificial trae dilemas éticos sin precedentes. Drones capaces de identificar y atacar objetivos sin intervención humana desdibujan la línea entre responsabilidad y automatización.[222]

219. Romero, Fermín, «La creciente militarización del espacio en la nueva carrera espacial», *A21 México*, <https://a21.com.mx/cafe-espacial/2024/08/16/la-creciente-militarizacion-del-espacio-en-la-nueva-carrera-espacial>.

220. Más información en Wikipedia: <https://es.wikipedia.org/wiki/Arma_hipersónica>.

221. Priego, Rafael, «Sistemas de energía dirigida. Nuevas posibilidades para la defensa aérea», *Global Strategy Reports*, <https://global-strategy.org/sistemas-de-energia-dirigida-nuevas-posibilidades-para-la-defensa-aerea/>.

222. Díaz, Jesús, «Crean un avión inteligente capaz de perseguir y atacar enemigos por su cuenta», *El Confidencial*, <https://www.elconfidencial.com/tecnologia/novaceno/2021-08-19/ejercito-eeuu-drones-autonomos-asesinos

Incidentes recientes, como el uso de drones autónomos en Libia,[223] plantean serias cuestiones sobre el control y la moralidad de tales decisiones.

La aparición de robots soldados equipados con inteligencia artificial[224] también despierta inquietudes. Si bien estos sistemas pueden operar en entornos hostiles, sigue sin resolverse el debate sobre si deben tener la capacidad de tomar decisiones sobre la vida y la muerte. Las leyes internacionales aún no han establecido regulaciones claras para estos avances, y hay un vacío legal que requiere atención urgente.

25.3. Poder revelado: potencia tu proyecto con innovación

Así como los ejércitos invierten en tecnologías avanzadas para asegurar su superioridad, tú también puedes aplicar este enfoque en tu propio proyecto. Adoptar un estilo proactivo hacia la innovación puede marcar la diferencia y posicionarte en la vanguardia de tu sector. Veamos algunos ejemplos inspiradores:

- **Tesla:** ha revolucionado el mercado automotriz al integrar inteligencia artificial en sus vehículos eléctricos.[225] Su sistema Autopilot no sólo mejora la experiencia del usuario, sino que también optimiza la seguridad y la efi-

_3238786/#:~:text=En%20una%20nota%20de%20prensa,conseguir%20aviación%20militar%20totalmente%20autónoma>.

223. Vega, Guillermo, «La ONU informa del primer ataque de drones autónomos a personas», *El País*, <https://elpais.com/tecnologia/2021-05-28/la-onu-informa-del-primer-ataque-de-drones-autonomos-a-personas.html>.

224. Jollero, Daniel J., «El perro Robot de Boston Dynamics ya tiene uso militar: así lo emplea el ejército francés en sus maniobras», *El Mundo*, <https://www.elmundo.es/tecnologia/2021/04/10/607060e421efa0fe618b4648.html>.

225. Véase la web de Tesla, sección de Autopilot: <https://www.tesla.com/support/autopilot>.

ciencia, y establece a Tesla como un líder en sostenibilidad y lealtad de clientes.

- **Microsoft:** ha transformado su modelo de negocio mediante la computación en la nube y la inteligencia artificial.[226] Con Azure, su plataforma de servicios en la nube, ha impulsado la digitalización en múltiples sectores, facilitando la productividad y consolidando su reputación como un referente de responsabilidad social.

Reflexión esencial: la evolución del poder militar en el siglo XXI resalta la importancia de la innovación, no sólo en la tecnología bélica, sino también en cómo aplicamos estas lecciones al ámbito civil y a nuestros propios proyectos.

Pregúntate: ¿de qué manera puedes incorporar la innovación en tu empresa para mantener tu relevancia y liderar en un entorno en constante cambio?

Conclusión

La evolución del poder militar resalta que la innovación es vital para el éxito de cualquier iniciativa. Al adoptar tecnologías avanzadas, puedes mejorar la eficiencia de tus proyectos y transformar tus interacciones con el mercado. Sé audaz y adaptable en la implementación de nuevas ideas; aprovecha las oportunidades tecnológicas para convertirte en un referente en tu campo. ¡Despierta tu ingenio y revoluciona tu empresa con el poder de la innovación!

226. Véase la web de Microsoft Azure: <https://azure.microsoft.com/es-es>.

26

Evolución y nuevas fronteras de poder

El que se pierde es el que encuentra las nuevas sendas.

NILS KJAER[227]

Navegar por las complejidades emergentes del poder es comparable a emprender una travesía en un vasto océano. Hay momentos de calma en los que remamos con determinación, pero también hay corrientes imprevistas que pueden cambiar con rapidez el rumbo. Al igual que un marinero experimentado se prepara para tempestades, debemos reconocer que la evolución de las dinámicas de poder está llena de incertidumbre. En este capítulo exploraremos cómo los distintos tipos de poder pueden entrelazarse y transformarse, generar fuerzas más peligrosas o abrir nuevas oportunidades que liberan de opresiones. En la sec-

227. Esta frase, atribuida al dramaturgo noruego Nils Kjaer, no se encuentra en sus obras, pero se asocia con su pensamiento en el ámbito sociocultural, ya que resume su visión sobre la importancia de la adaptabilidad ante lo desconocido en la vida.

ción «poder revelado», descubrirás maneras creativas de combinar tus habilidades para impulsar un cambio revolucionario.

26.1. Metamorfosis corporativa: el poder en la era global

La globalización ha generado un entrelazamiento de economías, culturas y sistemas políticos, creando un contexto en el que el poder se dispersa y reconfigura. Las corporaciones multinacionales, como Amazon y Alibaba, ahora tienen un poder económico comparable al de muchos Estados,[228] lo que plantea preguntas sobre la soberanía nacional. Por ejemplo, la expansión de Amazon no sólo ha transformado el comercio, sino que también ha influido en políticas laborales y medioambientales en múltiples países, desafiando el poder regulador de las instituciones tradicionales.

Además, el avance de la inteligencia artificial está redefiniendo el poder. Las empresas de IA comienzan a moldear el futuro del trabajo y la privacidad de todos, donde los datos emergen como el recurso más valioso para dominar.

26.2. Desafíos futuros del poder

Los movimientos contemporáneos, organizados a través de redes sociales, muestran cómo el poder social se combina con el tecnológico para permitir a los ciudadanos ejercer una novedosa forma de influencia sobre los gobiernos. El movimiento «rodea el Congreso», surgido en España en 2012,[229] es un claro ejemplo de cómo la organización en estas plataformas puede movilizar a miles de personas en demanda de cambios significativos.

228. Barbieri, Alberto, «Amazon y Alibaba, el choque entre dos modelos de globalización», *El País*, <https://elpais.com/retina/2019/04/04/tendencias/1554372125_820338.html>.

229. Más información en Wikipedia: <https://es.wikipedia.org/wiki/Rodea_el_Congreso>.

Sin embargo, esta nueva realidad plantea interrogantes profundos sobre nuestro control. En un entorno donde la tecnología amplifica tanto las voces de la protesta como las de la manipulación, surge una inquietante pregunta: ¿somos sin duda los navegantes de nuestro destino o meras marionetas en una narrativa construida por algoritmos? El auténtico desafío radica en discernir entre la realidad y los relatos que nos rodean, eligiendo aquellos que genuinamente reflejan la verdad y potencian nuestras aspiraciones.

26.3. Enigmas de poder y sendas por descubrir

Es posible que, con el avance histórico, nuevas formas de poder estén emergiendo, algunas totalmente inesperadas. Sin embargo, aún es pronto para decidir si tendrán una independencia propia o serán un mero subtipo de los 10 poderes ya existentes. Los ejemplos que se presentan a continuación son algunos de los posibles nuevos poderes que podrían estar gestándose:

- **Poder corporativo global:** gigantes empresariales como Amazon, Tesla y Google están adquiriendo una influencia sin precedentes en la economía y la política, incluso superando en ciertos aspectos a los Estados. La estrecha relación entre Elon Musk y el presidente de los Estados Unidos Donald Trump[230] en las elecciones de 2024 ilustra cómo los intereses corporativos pueden invadir el tejido político.
- **Poder de la información privilegiada:** la capacidad de acceder a datos valiosos reservados a gobiernos y grandes corporaciones crea una brecha con el público general. Quienes dominan esta información obtienen una ventaja significativa, lo que puede erosionar la confianza pública y aumentar las desigualdades sociales.

230. «Elon Musk, el hombre más poderoso del mundo: "Ahora mismo lo tiene todo"», pódcast El Mundo, *El Mundo*, <https://www.elmundo.es/podcasts/el-mundo-al-dia/2024/11/14/6735497be4d4d87c088b459e.html>.

- **Poder digital:** proviene de la influencia que las plataformas digitales ejercen, en especial a través del impacto de los contenidos «pseudorrealistas» que se presentan en las pantallas. Transformando cómo percibimos y navegamos el mundo a nuestro alrededor, estas representaciones afectan a nuestras decisiones diarias y moldean nuestras relaciones sociales.
- **Poder de la inteligencia artificial autónoma:** la capacidad de las máquinas de tomar decisiones de forma independiente promete transformar industrias, pero también presenta riesgos sobre la alineación de esas decisiones con los valores humanos, lo que podría dar lugar a resultados inesperados y peligrosos.
- **Poder de la conectividad:** gracias a las herramientas digitales, este poder se refiere a la habilidad de establecer redes efectivas y colaborar en tiempo real a cualquier distancia. En un mundo cada vez más interconectado, quienes manejen bien estas conexiones obtendrán ventajas en emprendimiento, política y activismo social.
- **Poder de la biotecnología:** la biotecnología, a través de herramientas como CRISPR,[231] permite editar la vida y curar enfermedades, pero también presenta riesgos inquietantes: desequilibrios ecológicos y manipulación genética. En manos equivocadas, puede amenazar la salud pública y desafiar nuestra comprensión ética de lo humano.

Como puedes ver, el futuro del poder se presenta ante nosotros. Atrévete a ser audaz y supera tus temores. ¡Prepárate, innova y conquista las nuevas formas de influencia que están surgiendo!

231. Véase la web del National Human Genome Research Institute, <https://www.genome.gov/dna-day/15-ways/genome-editing>.

26.4. Poder revelado: fusiona poderes para una influencia inédita

En un panorama en constante evolución, los nuevos poderes emergen de combinaciones innovadoras de los tipos de influencia existentes. Desde tus proyectos, tienes la capacidad de crear estas fusiones originales de poder para generar un impacto sin precedentes. A continuación, dos ejemplos inspiradores que ilustran estas singulares integraciones:

- **Goteo:** con el objetivo de buscar financiación para proyectos sociales y culturales, esta plataforma de *crowdfunding* usa su poder tecnológico para conectar a emprendedores con la comunidad.[232] Al empoderar a los ciudadanos para que participen en la selección de iniciativas a financiar y al combinar el poder social con narrativas emocionales atractivas, Goteo cultiva un profundo sentido de comunidad y pertenencia.
- **Civicus:** es una red global que apoya a la sociedad civil y promueve el empoderamiento ciudadano.[233] Fortalece su impacto integrando el poder social mediante una comunidad de activistas y organizaciones unidas en la defensa cultural de los derechos humanos. Además, con su poder comunicativo y sus recursos en redes sociales, Civicus capacita a los ciudadanos para tomar decisiones informadas.

Reflexión esencial: la evolución del poder en el siglo XXI revela que la creatividad y la colaboración pueden abrir nuevas puertas y oportunidades, transformando proyectos individuales y enriqueciendo a comunidades enteras.

Pregúntate: ¿de qué manera puedes combinar distintos tipos de poder en tus iniciativas para provocar un impacto inédito en tu entorno?

232. Véase la web de Goteo: <https://www.goteo.org>.
233. Véase la web de Civicus: <https://www.civicus.org/index.php/es/>.

Conclusión

La evolución del poder muestra que al combinar de forma creativa diferentes tipos de influencia, tus proyectos pueden alcanzar alturas sorprendentes y generar un impacto verdaderamente único. Esta fusión de capacidades no sólo potencia tus iniciativas, sino que también puede inspirar a tu comunidad y desencadenar cambios novedosos. ¡Atrévete a mezclar poderes y transforma tu visión en una realidad extraordinaria!

27

Conclusiones y reflexiones sobre el poder

Todo gran poder conlleva una gran responsabilidad.

Tío Ben[234]

A lo largo de este recorrido, hemos explorado las múltiples dimensiones del poder y su interconexión en nuestra vida diaria. Desde el poder biológico, que determina nuestras capacidades físicas, hasta el poder cultural, que moldea nuestra identidad, cada forma de poder presenta tanto oportunidades como desafíos. Es fundamental entender que el poder no es intrínsecamente negativo; su impacto depende de cómo se ejerce y de las intenciones que lo guían.

Este libro ha sido pensado como una herramienta práctica para que identifiques y potencies tus propias formas de poder. Conocer cómo funcionan y se entrelazan te permitirá navegar tu entorno, descubrir oportunidades y reconocer desafíos en tu camino al éxito. Ya seas un emprendedor que busca establecer su

234. Esta frase es pronunciada por el tío Ben (Cliff Robertson) en la película *Spider-Man*, dirigida por Sam Raimi, Columbia Pictures, 2002.

negocio, un aspirante a político, un estudiante que desea sobresalir o un ciudadano que se propone desentrañar la realidad, comprender el poder puede ser un catalizador crucial en tu travesía.

Al reflexionar sobre tu relación con el poder, considera cómo lo ejerces a diario y qué compromisos éticos estás dispuesto a asumir para que tu influencia, por pequeña que sea, contribuya al bienestar común. Creando una cultura que priorice los valores y la responsabilidad desde una edad temprana, la educación y la movilización social son claves para contrarrestar los abusos de poder. Históricamente, hemos visto que los líderes que han hecho un uso responsable de su influencia son aquellos que han forjado un legado de respeto y dignidad.

En un mundo interconectado, el conocimiento y la comprensión del poder son más relevantes que nunca. Actuar con ética no sólo fortalecerá tu crecimiento personal, sino que también será vital para el bienestar colectivo. El poder es una herramienta ambivalente que puede ser utilizada para construir o destruir, para unir o dividir, para esbozar sonrisas o desatar lágrimas. Al final, nuestros actos individuales se entrelazan con el tejido social, impactando en el futuro de nuestras comunidades.

La participación activa y crítica es fundamental para construir una realidad más justa. Hoy en día, observamos a líderes y pioneros usar su poder de manera ética para generar un impacto positivo, inspirándonos a todos. Esto nos llena de esperanza. No aceptes un mundo donde el poder se ejerza en la sombra o desde la distancia. El poder está en tus manos, preparado para ser utilizado no sólo para tu éxito personal, sino también para forjar un futuro mejor.

Este libro te ha equipado con un mapa estratégico para navegar ese futuro. Ahora es el momento de usarlo. Define tu visión, identifica tus fortalezas en los 10 tipos de poder, y traza una ruta ética y eficaz. Con estas herramientas en mano, te pregunto: ¿qué tipo de poder elegirás cultivar y cómo lo aplicarás para delinear un futuro mejor para ti y los que te rodean? Cada decisión que tomes, cada acción que emprendas, conformará el trayecto hacia el legado que quieres dejar.

Felicitaciones por completar este libro; has demostrado esfuerzo y perseverancia. Éste es tu momento: cierra los ojos, respira profundamente y conecta con la sabiduría que has adquirido. Visualiza tus metas y siente el poder dentro de ti, preparado para hacer realidad tus sueños.

Navega con valentía hacia delante. Utiliza tu mapa para trazar un rumbo claro, confía en tus capacidades y enfrenta cada desafío con determinación. ¡Éste es sólo el comienzo de un viaje lleno de posibilidades, y tú posees todo lo necesario para lograrlo!

Sé el capitán de tu destino, el líder de tu propia travesía, y deja una huella que inspire a otros. ¡El futuro te espera para explorar y conquistar!

28

Bonus: tu mapa maestro hacia el triunfo

> La única manera de hacer un gran trabajo es amar lo que haces.
>
> STEVE JOBS[235]

¡Navega el océano del poder con confianza! Utiliza estas preguntas para reflexionar sobre tu proyecto y guiarte a través del mapa del poder. Cada una de ellas se centra en cómo los diferentes tipos de poder pueden fortalecer tu propuesta y aumentar tus probabilidades de éxito.

1. ¿Qué tipo de poder define la esencia de tu proyecto?

Identifica el poder principal (biológico, emocional, económico, técnico-tecnológico, institucional, cultural, etcétera) que sustenta tu iniciativa y cómo se manifiesta.

235. Esta famosa frase de Steve Jobs proviene de su discurso en la graduación de la Universidad de Stanford el 12 de junio de 2005. En esta conferencia, Jobs compartió reflexiones sobre su vida y la importancia de seguir la pasión para alcanzar el éxito y la realización personal. El discurso está disponible en YouTube.

2. ¿Cómo puedes potenciar este poder en tu propuesta y qué otros poderes podrías integrar para amplificar tu impacto?

Reflexiona sobre acciones específicas que puedes tomar y sobre cómo otros tipos de poder pueden enriquecer tu enfoque.

3. ¿Cómo entrelazarás tus poderes en una estrategia carismática única?

Piensa en maneras originales de fusionar los distintos tipos de poder. ¿Qué combinaciones innovadoras puedes implementar para hacer tu proyecto más atractivo y carismático?

4. ¿Cómo puedes cautivar a otros utilizando el poder cultural de tu proyecto?

Identifica las historias, emociones y narrativas de marca que puedes contar para motivar a otros a unirse a tu causa. ¿Cómo puedes hacer que tu mensaje resuene profundamente en tu audiencia?

5. ¿Quiénes son tus aliados estratégicos y cómo pueden fortalecer tus poderes?

Identifica personas, instituciones o grupos que compartan tus objetivos y que puedan contribuir a potenciar tu proyecto. ¿Cómo puedes involucrarlos y cultivarlos?

6. ¿Quiénes son tus competidores y cómo afectan a tu influencia?

Reconoce a las personas o entidades que pueden debilitar tu poder. Analiza sus fortalezas y cómo puedes contrarrestar su choque.

7. ¿Cómo impactarán los poderes de tu proyecto en la sociedad?

Considera de qué manera tus poderes pueden aportar valor a las realidades sociales. ¿Qué repercusiones positivas esperas en tu comunidad?

8. ¿Cuál es tu estrategia a largo plazo para potenciar tus poderes?

Define tu visión y objetivos en el tiempo. ¿Cómo cada tipo de poder apoyará tu progreso hacia esa meta?

9. ¿Cómo mantendrás la adaptabilidad ante los cambios en el entorno?

Reflexiona sobre cómo podrás ajustar tus estrategias a las nuevas circunstancias y tendencias del mercado. ¿Qué mecanismos implementarás para garantizar que tu enfoque se adapte a los imprevistos y evolucione con el tiempo?

10. ¿Cómo puedes aplicar los «poderes revelados» en tu proyecto?

Reflexiona sobre cómo incorporar los poderes revelados abordados en el libro para impulsar tu iniciativa: catalizador de cambio, participación, salud, educación, acción local, movimiento ecológico, ética, resiliencia, transparencia, poder digital, movimiento religioso, globalización, innovación e influencia inédita.

Tabla 28.1. Resumen de los «poderes revelados»: una guía para la acción

PODER REVELADO	SUGERENCIAS PARA LA ACCIÓN
Catalizador de cambio	Identifica un problema, define una visión y moviliza recursos para generar un cambio significativo.
Participación	Involucra a tu comunidad en la toma de decisiones y en la implementación de tu proyecto.
Salud	Integra la salud y el bienestar emocional en tu proyecto.
Educación	Fomenta la educación, formando ciudadanos críticos y responsables.
Acción local	Impulsa acciones a nivel local para generar un impacto positivo en tu comunidad.
Movimiento ecológico	Alinea tus productos y servicios con los valores del ecologismo.
Ética	Integra la ética en cada una de tus decisiones, asumiendo tu responsabilidad.
Resiliencia	Desarrolla habilidades de resiliencia para superar las adversidades y emerger fortalecido.
Transparencia	Haz que tu proyecto comparta información relevante con su público de forma abierta y honesta.
Poder digital	Aprovecha las redes sociales para conectar con tu audiencia y construir una comunidad comprometida.
Movimiento religioso	Crea una narrativa cautivadora que genere lealtad y compromiso emocional en tus seguidores.
Globalización	Diseña tu proyecto con visión global; piensa para el mundo.
Innovación	Invierte en el progreso de tu sector para obtener una ventaja competitiva.
Influencia inédita	Combina con originalidad diferentes tipos de poder para generar una influencia sin precedentes.

Fuente: Elaboración propia.

Conclusión

Este conjunto de preguntas no sólo te proporciona un mapa claro de poder para tu proyecto, sino que también te invita a reflexionar estratégicamente sobre cómo optimizar cada tipo de influencia. Al comprender y articular las interacciones entre los diferentes poderes, podrás abrir nuevas rutas hacia el éxito y asegurarte de que tu impacto sea positivo y duradero. ¡Es hora de utilizar tu mapa del poder, levanta el ancla y navega hacia nuevos horizontes!